AF298811

PETIT TRAITÉ

DE

MORALE SOCIALE

(Rédigé conformément au Programme du 30 Mai 1902)

PAR

Pierre-F. PÉCAUT

Professeur agrégé de Philosophie au Collège Chaptal

TROISIÉME ÉDITION

PARIS

GARNIER FRÈRES, LIBRAIRES-ÉDITEURS

6, RUE DES SAINTS-PÈRES, 6

AVANT-PROPOS

Ce petit traité suit le programme de la classe de troisième pour l'enseignement secondaire et ne s'écarte guère de celui de deuxième année pour les écoles primaires supérieures.

En le terminant, je tiens à remercier mon ancien élève Fernand Bidault, licencié ès lettres, qui a bien voulu collaborer à la rédaction de ces modestes pages.

Nous avons cherché à rester toujours à la portée des élèves, mais nous avons voulu aussi les obliger à un effort constant de réflexion et de raisonnement. Il est de plus en plus clair, en effet, qu'une étude approfondie est nécessaire non seulement à l'intelligence mais encore au sentiment de nos devoirs sociaux. Et nous a semblé que cette étude pouvait commencer dès la troisième. Nous ne pouvions oublier qu'on juge les élèves de cette classe capables d'entendre des théorèmes de géométrie et d'algèbre et des cours d'histoire tout pénétrés d'esprit philosophique.

Notre désir était d'écrire un manuel qu'on pût mettre entre leurs mains et qui servît de texte d'explications.

PETIT TRAITÉ

DE

MORALE SOCIALE

CHAPITRE I

PRINCIPE DE LA MORALE SOCIALE

Recherche de la raison supérieure de nos devoirs

Dès l'enfance on nous enseigne que nous avons des devoirs envers nos semblables et que les observer est bien l'affaire la plus grave de la vie. Nous devons être polis, sincères, justes, ne pas opprimer notre prochain pour notre plaisir ou notre profit. Mais le plus souvent on ne nous dit pas pourquoi nous devons nous soumettre à ces obligations, car nous ne serions pas en état de le comprendre.

L'homme religieux, celui qui pense qu'une volonté souverainement sage conduit le monde, ajoute, il est vrai, que nous devons observer nos devoirs parce que Dieu l'ordonne ainsi. Mais ce n'est pas davantage nous éclairer. Si Dieu nous impose certaines règles de vie, c'est certainement pour des raisons pleines de sagesse, sans quoi sa volonté serait arbitraire et nous n'aurions pas à lui obéir. Or, ces raisons sont les raisons véritables de nos devoirs, et on ne nous les dit pas.

Essayons donc de faire un effort d'esprit et de dégager les motifs supérieurs de nos devoirs.

§ 1. **Comment le cœur nous suggère la vérité que nous cherchons.** — Etudions de près un *fait* qui se passe au dedans de nous, et qui va nous donner une indication précieuse.

L'indifférence. — Vous voici en présence d'un de vos semblables : le passant que vous croisez dans la rue, le sergent de ville qui vous ordonne de circuler, le marchand qui vous vend ses denrées, le mécanicien qui conduit votre train. Quelle est votre attitude à son égard? celle de la plus complète indifférence. Que vous importe ce qui se passe en lui? que vous font les sentiments qui l'agitent, les préoccupations qui l'absorbent? Tout cela est un monde qui vous est fermé. Votre semblable est pour vous comme un arbre ou comme une de ces ingénieuses machines qui, dans les gares, distribuent du chocolat ou des échantillons.

Parfois cependant vous lui accordez quelque attention. C'est que vous prenez souci *des rapports qu'il peut avoir avec votre propre intérêt.* Vous craignez que ce mécanicien ne conduise mal le train, que ce marchand ne vous trompe; vous vous irritez contre ce sergent de ville qui vous bouscule. Mais en tout ceci vous ne considérez que vous-même et ce n'est pas au point de vue de votre prochain que vous vous placez. Si vous ne songez à lui qu'à l'occasion de vous même, vous êtes encore dans l'indifférence à son égard

La bonté. — Mais tout peut changer. Un mot, un geste de votre semblable, un élan spontané de votre cœur a jeté bas ce qui vous séparait. Un jour s'est fait pour vous sur ce monde que vous ne pouviez pénétrer. Maintenant vous vous représentez ce qu'éprouve autrui : ses fatigues, ses soucis, sa mauvaise humeur, son irritation, ses déceptions, ses rancœurs, ses joies ; vous comprenez ce qui le fait vouloir et agir. Vous imaginez vivement ses sentiments : par conséquent vous *les éprouvez* à quelque degré : vous êtes heureux de ses joies, surtout vous vous attristez de ses misères. C'est donc que vous ne vous intéressez plus seulement à vous-même ou aux autres dans la mesure unique où ils ont quelque rapport avec vos désirs personnels.

Vous vous intéressez à ce qui intéresse votre semblable : ses désirs, sa volonté ont pour vous de l'importance. Ce changement, c'est le fait dont nous parlions : *ce qui a de la valeur pour votre semblable a maintenant de la valeur pour vous*.

Mais ce fait de songer à autrui, d'éprouver dans notre cœur le prix de ses sentiments, nous suggère cette idée : La volonté des autres a, *en vérité*, autant de valeur que la nôtre, c'est-à-dire autant de droits à être satisfaite. Nous allons voir pourquoi nous devons tous reconnaître cette idée comme vraie et admettre qu'elle est la raison supérieure de nos devoirs.

§ 2. **La vérité morale.** — Imaginons que nous sommes deux hommes tombés dans une île déserte qui a l'étendue d'un grand champ. Vais-je prendre le tout pour moi? Mais mon semblable ne pourra pas reconnaître comme vrai que sa volonté de ne pas mourir de faim n'a aucune valeur, puisqu'elle a du prix à ses yeux ; et moi je ne pourrai reconnaître comme vrai que la mienne n'a aucune valeur s'il veut s'emparer du tout. Il en serait de même si l'un de nous deux ayant travaillé, le paresseux voulait prendre à l'autre le fruit de son labeur. Si donc nous voulons nous entendre, c'est-à-dire *posséder une vérité que chacun de nous deux soit obligé de reconnaître comme telle*, il nous faut admettre que nos volontés sont de valeur égale et qu'il est nécessaire de partager le champ.

Il en est de tous les hommes comme de nous deux. Ils ont entre eux de nombreux rapports que nous étudierons plus tard. Ils échangent des richesses, ils échangent des idées, ils forment une société. Et ils sont des êtres raisonnables, c'est-à-dire capables de distinguer le vrai du faux, de reconnaître ce qui est vrai pour tous. Ils peuvent donc s'accorder, régler leurs rapports mutuels et leur vie commune d'après un principe dont chacun devra admettre la vérité; et le seul principe qui s'impose comme tel est celui-ci : Tout homme doit accorder à la volonté de ses semblables autant de valeur qu'à la sienne. C'est là une idée qui doit pénétrer tous ceux qui sont capables de reconnaître ce qui est vrai, non seulement tous les hommes, mais tous les êtres raisonnables possibles. C'est là la raison supérieure de tous nos devoirs. C'est là la vérité que nous appelons morale, entendant par là qu'elle doit présider à nos mœurs.

Précepte suprême. — Cette vérité, dans laquelle nous pouvons nous accorder, se traduit par le précepte suivant qui est le précepte suprême pour des êtres raisonnables :

Pensez que vos semblables sont des personnes dont les volontés ont autant de droits que les vôtres à être satisfaites, et agissez en conséquence.

Partager les sentiments d'autrui, s'y intéresser comme aux nôtres, c'est être bon. Agir comme si nous les éprouvions, comme si nous en sentions la valeur, c'est être juste.

L'homme injuste. — Un homme peut nier en pratique cette vérité, c'est-à-dire agir comme s'il la niait. Il peut prendre tout le champ pour lui et refuser ainsi à la volonté de vivre de son semblable le droit de se satisfaire. Que dire à cela? Seulement qu'un tel homme se met hors de la société des êtres raisonnables, de ceux qui participent à une vérité commune. On n'est pas contraint physiquement de se soumettre à la vérité morale. L'homme injuste peut s'y dérober, mais il se retranche par là moralement de la société humaine, à peu près comme un homme qui nierait et contredirait toutes les vérités scientifiques qui s'imposent comme vraies à l'esprit humain. L'injuste continue à vivre parmi les hommes, mais il est en dehors de ce qui fait l'humanité, de l'entente dans une commune vérité.

La justification du juste. — Il faut souffrir parfois pour être juste. Des milliers d'hommes ont été tués et martyrisés par les hommes, parce qu'ils restaient fidèles à l'humanité. Chacun de nous, s'il veut rester parfaitement juste, est exposé à perdre une place, une distinction, à être mortifié dans sa vanité, il se peut qu'il ait à renoncer à sa tranquillité même Bien plus, le juste, hélas! s'expose à être méconnu, ténu pour un malfaiteur, dénoncé comme un ennemi du bien public. Quand Socrate fut condamné à boire la ciguë, il eut contre lui toute la multitude ameutée qui l'accusait de détruire la religion et de corrompre la jeunesse.

Le juste peut souffrir, il n'en a pas moins *raison*. Un théorème de géométrie resterait vrai alors que tous les hommes, devenus ignorants ou pris de folie, perdraient la connaissance ou le sens des mathématiques. De même, quand tous les hommes aboient après le juste, celui-ci a cependant raison ; sa conduite reste fidèle à ce que tous reconnaîtraient nécessairement pour vrai s'ils revenaient à la raison. Et c'est ce sentiment qui peut le récompenser et le consoler des souffrances et des humiliations. Pour appartenir vraiment à l'humanité, nous devons apprendre à nous contenter de cette joie pure d'avoir raison, seuls avec nous-mêmes.

Les grands préceptes moraux de l'humanité. — On reconnaîtra d'ailleurs sans peine que les grands préceptes qui ont été enseignés aux hommes ne sont que des expressions de cette vérité, et c'est pourquoi la conscience humaine les a reconnus.

La plus profonde et la plus simple de ces expressions a été sans doute donnée par l'Evangile : « Aime ton prochain comme toi-même. » Certes, si les sentiments d'autrui ont pour nous autant de valeur que les nôtres, ne devons-nous pas nous les représenter, les éprouver, aimer autrui ? Seulement si notre cœur, comme nous l'avons vu, est capable de bonté, n'est-il pas vrai qu'il n'est pas assez puissant ni assez vaste pour aimer ainsi tous les êtres, pour absorber et faire siens tous les sentiments ? Mais si nous ne pouvons les aimer, du moins agissons comme si nous les aimions : soyons justes à leur égard.

L'objet des études qui vont suivre. — Cherchons donc maintenant les applications de cette vérité. Etudions les rapports qu'ont les hommes les uns avec les autres; et demandons-nous comment ils doivent régler ces rapports pour que chacun soit obligé de reconnaître qu'*en vérité* c'est ainsi qu'ils doivent être réglés.

Questionnaire :

1. Qu'est-ce qu'être bon? — 2. Qu'est-ce qu'un être raisonnable? — 3. Comment des êtres raisonnables peuvent-ils régler leurs rapports autrement que par la force? Qu'est-ce que « s'entendre en êtres raisonnables? » — 4. Formulez la vérité dans laquelle des êtres raisonnables doivent s'entendre? — 5. En quel sens est-on obligé de se soumettre à cette vérité? — 6. Montrer pourquoi « nous devons faire à autrui ce que nous voudrions qu'il nous fît et nous ne devons pas lui faire ce que nous ne voudrions pas qu'il nous fît. » Expliquer que si nous devons agir ainsi, ce n'est pas *pour* qu'autrui nous fasse ce que nous voudrions qu'il nous fît et ne nous fasse pas ce que nous ne voudrions pas qu'il nous fît. — 7. Expliquer cette parole de Marc-Aurèle s'adressant à l'homme injuste : « Tu as oublié quelle parenté sainte unit chaque homme avec tout le genre humain, parenté non de sang et de naissance, mais de participation à la même intelligence. »

Lecture.

Un Juste.

Socrate devant ses juges.

... Ecoutez ce qui m'est arrivé, afin que vous sachiez bien que je suis incapable de céder à quoi que ce soit contre le devoir, par crainte de la mort, et que, ne voulant pas le faire, il est impossible que je ne périsse pas. Je vais vous dire des choses qui vous déplairont, et où vous trouverez

peut-être la jactance des plaidoyers ordinaires : cependan**
je ne vous dirai rien qui ne soit vrai.

Vous savez, Athéniens, que je n'ai jamais exercé aucune
magistrature, et que j'ai été seulement sénateur. La tribu
Antiochide, à laquelle j'appartiens, était justement de tour
au Prytanée, lorsque, contre toute les lois, vous vous êtes opi-
niâtrés à faire simultanément le procès aux dix généraux qui
avaient négligé d'ensevelir les corps de ceux qui avaient
péri au combat naval des Arginuses, injustice que vous avez
reconnue et dont vous vous êtes repentis dans la suite. En cette
occasion, je fus le seul des prytanes qui osai m'opposer à la
violation des lois, et voter contre vous. Malgré les orateurs
qui se préparaient à me dénoncer, malgré vos menaces et vos
cris, j'aimai mieux courir ce danger avec la loi et la justice,
que de consentir avec vous à une si grande iniquité, par la
crainte des chaines ou de la mort. Ce fait eut lieu pendant
que le gouvernement démocratique subsistait encore. Quand
vint l'oligarchie, les Trente me mandèrent moi cinquième
au Tholos et me donnèrent l'ordre d'amener de Salamine
Léon le Salaminien, afin qu'on le fît mourir ; car ils don-
naient de pareils ordres à beaucoup de personnes pour
compromettre le plus de monde qu'ils pourraient ; et alors
je prouvai, non pas en paroles, mais par des effets, que je
me souciais de la mort comme de rien, si vous me passez
cette expression triviale, et que mon unique soin était de ne
rien faire d'impie et d'injuste. Toute la puissance des Trente,
si terrible alors, n'obtint rien de moi contre la justice. En
sortant du Tholos, les quatre autres s'en allèrent à Salamine et amenèrent Léon, et moi je me retirai dans ma
maison ; et il ne faut pas douter que ma mort n'eût suivi
ma désobéissance, si ce gouvernement n'eût été aboli
bientôt après. C'est ce que peuvent attester un grand nombre de témoins.

(PLATON, Apologie de Socrate.)

CHAPITRE II

Définition de la solidarité entre les hommes

Comment vivons-nous avec nos semblables ? Au premier abord, des liens d'amitié ou d'intérêt légers et sans attache intime paraissent seuls nous unir à eux. Sans doute les hommes échangent leurs idées ou leurs denrées ; mais chacun d'eux serait-il vraiment autre, aurait-il une autre nature et une autre vie. si les rapports qu'il a avec ses semblables venaient à cesser ? Un caillou séparé du tas ne garde-t-il pas sa forme et ses propriétés ? Prenons garde pourtant qu'en ce qui nous concerne la réalité est tout autre qu'elle ne semblait à première vue. Ce sont, nous allons le voir, des rapports profonds et intérieurs qui nous attachent à nos semblables : la vie de chacun de nous serait gravement atteinte si elle était séparée de la vie des autres. Ces relations superficielles en apparence, en vérité d'une importance capitale, constituent des rapports de solidarité.

§ 1. Solidarité dans le monde matériel. — Ce mot de solidarité est emprunté aux sciences du monde matériel, pour qui les parties d'un tout sont *solidaires* quand elles dépendent les unes des autres. Une telle dépendance ne se trouve point entre les cailloux qui composent un tas, mais nous l'apercevons entre les diverses pièces d'une machine, entre les rouages d'une horloge : le mouvement d'une roue ne dépend-il pas de celui d'une autre roue? Toutes, comme mues par un même dessein, marchent ensemble, s'arrêtent ensemble, comme si l'hor loge entière vivait et mourait.

Le corps d'un être vivant va précisément nous donner un modèle parfait de solidarité. Un animal est un composé d'organes divers, qui vivent les uns par les autres, et qui, animant tout l'ensemble, reçoivent de lui leur vie propre. Le cœur cesse-t-il de lancer le sang dans les artères, tous les éléments, toutes les cellules de l'organisme, ainsi privées du liquide qui les nourrit, s'épuisent et meurent. Mais supposons que l'estomac ne digère plus les aliments, que les poumons, devenus imperméables, ne permettent plus au sang de se charger d'oxygène, ou que les reins, le filtrant imparfaitement, y laissent des poisons; supposons que les centres nerveux qui commandent les mouvements du cœur soient lésés par quelque choc, voici que le cœur lui-même s'arrête, comme le balancier d'une pendule dont quelque rouage vient d'être brisé. Tous les organes vivent donc d'une sorte de vie commune, dont ils se partagent la rude besogne. Chacun a une *fonction*, c'est-à-dire joue un rôle, inutile peut-être isolément, mais nécessaire pour l'harmonie du tout; manque-t-il à sa fonction, l'ensemble ne peut plus subsister : le mouvement de l'horloge s'éteint, la vie s'échappe du corps jadis animé.

§ 2. Solidarité sociale. — N'y a-t-il pas entre les membres d'une société humaine comme une image de la solidarité qui règne entre les parties d'ur corps vivant? Sans doute, et de tout temps les esprits ont été frappés de cette analogie. Dès l'antiquité, on comparait les hommes, liés par des rapports réciproques, aux éléments d'un même corps. Menenius Agrippa ramenait la plèbe à Rome par l'apologue des membres et de l'estomac. Le langage lui-même témoigne de cette vérité. Le mot de *fonction* ne désigne-t-il pas aussi bien le rôle d'un organe dans l'ensemble que le rôle d'un homme dans la société? Ne dit-on pas : « le *corps* des professeurs », « le *corps* des officiers »? Certains philosophes ont été plus loin encore. Prenant à la lettre cette comparaison, ils ont déclaré que les sociétés humaines étaient réellement des êtres vivants, des organismes ayant pour rouages les divers corps professionnels : chacun d'eux, nécessaire à l'ensemble, tirerait des autres sa raison d'être et ses moyens de subsistance. Peut-être y a-t-il là quelque exagération. Mais cette image si expressive, en rendant plus sensible à l'esprit la solidarité qui nous unit, a fortifié cette haute pensée morale : chacun de nous doit se considérer dans l'ensemble et y jouer volontairement son rôle utile, comme le cœur et le poumon jouent le leur avec une sorte de bonne volonté et d'humilité inconscientes.

Définition plus précise de la solidarité humaine. — Toute comparaison poussée trop loin peut mener à des conséquences inexactes. Laissons donc celle-ci, quelque précise qu'elle soit, de peur qu'elle ne nous abuse par une similitude plus apparente que réelle, et analysons avec plus de précision, en la considérant en elle-même, la solidarité qui nous unit.

Notre corps humain possède une vie organique, une existence résultant d'un ensemble d'opérations infiniment compliquées et subordonnées les unes aux autres. Mais l'homme a aussi une vie spirituelle. Il connaît les choses, les comprend autant qu'il peut et constitue la science. Il s'enchante à contempler la beauté, il jouit des sons et des parfums, des formes et des couleurs, et crée des œuvres d'art qui imitent la nature en l'embellissant. Il aime la vertu et la justice et désire qu'elles règnent en lui et autour de lui. Vie organique et vie spirituelle se complètent jusqu'à se confondre : et c'est la véritable vie humaine dont la complication fait la valeur. Plus complexe et plus riche chez l'homme que chez l'animal, la vie l'est plus aussi chez le civilisé que chez le sauvage.

Or, la santé, perfection de la vie organique, la science, l'art, la vertu, floraisons de la vie spirituelle, quand nous les rencontrons en nous, ne sont point notre œuvre exclusive. D'autres que nous, tous peut-être, ont contribué à leur éclosion. Et nous pouvons définir la solidarité : *le fait que l'individu ne réalise les conditions de sa vie organique et spirituelle que par la collaboration volontaire ou involontaire de ses semblables.*

Certes, nous ne pouvons étudier complètement tous les rapports de solidarité qui unissent les hommes; l'étude n'en saurait être épuisée. Mais nous allons, par quelques exemples, montrer l'importance de certains d'entre eux.

Questionnaire :

1. Pourquoi dit-on que l'estomac a une fonction et qu'un cas=

tonnier, un professeur ont une fonction? Définir ce mot de fonction.
— 2. Qu'est-ce qu'une société? Des cailloux réunis en tas forment-
ils une société? —3. Pensez-vous qu'un homme peut arriver, par un
moyen quelconque, en fuyant dans le désert, par exemple. à échapper à toute solidarité avec ses semblables, c'est-à-dire à ne leur rien
devoir? — 4. Est-ce qu'il n'y a pas des sociétés d'animaux?

CHAPITRE III

Solidarité physique

Les organes de notre corps sont, nous venons de le voir, solidaires les uns des autres; mais notre corps lui-même, considéré dans son ensemble, ne paraît-il pas indépendant, affranchi de tout lien avec ceux de nos semblables? Il peut s'éloigner, se rapprocher, se mouvoir en toute liberté, et la vie profonde qui bouillonne en lui semble bien close. Il n'en est rien cependant. En vertu de certaines lois physiques, les organismes agissent directement les uns sur les autres. Cette action impose aux hommes une solidarité rigoureuse dont ils doivent reconnaître l'existence pour la régler selon la justice.

§ 1. **L'hérédité.** — La plus importante de ces lois, celle dont les graves conséquences nous imposent les plus lourds devoirs, est la loi de l'hérédité. Nous nous l'expliquons encore mal, mais l'expérience la plus vulgaire en a toujours constaté l'action, et la science commence à classer et à analyser ses effets. Cette loi nous apprend que les propriétés des parents tendent à se transmettre aux enfants.

Quelles sont donc ces propriétés? C'est, par exemple, la constitution des organes servant à la vie physique, la structure du cœur, de l'esto-

mac, des poumons; c'est celle des organes des
sens, la myopie, la surdité. Mais la conformation
du corps et surtout du système nerveux entraîne une certaine conformation de notre nature
morale et intellectuelle : ce seront des passions rele
vant des fonctions organiques, comme celle des
boissons excitantes ; ce sera une manière habituelle
de sentir et d'agir, c'est-à-dire un caractère déter-
miné, apathique ou actif, généreux ou égoïste, colère
et emporté, ou bien calme et prudent.

Sans doute les propriétés des parents ne passent
point à leurs descendants avec une infaillible exac-
titude, mais plus leurs racines plongent dans l'organisme, plus leur tendance à se transmettre se trouve
fortifiée. Celles que les parents portaient en germe et
qui étaient pour ainsi dire inscrites en eux dès l'origine se lèguent probablement avec le plus d'aisance:
les traits du visage, la faiblesse ou la malformation
originaire d'un organe sont au premier rang parmi
les propriétés héritées.

Mais les parents peuvent aussi transmettre à leur
postérité des propriétés *acquises* au cours de leur
vie, et qu'ils auraient pu ne pas acquérir. Et *c'est
cette transmission des propriétés acquises qui crée
notre responsabilité*. Nous sommes responsables de
léguer à nos descendants un organisme que nous
avons usé, un système nerveux déséquilibré par
notre faute. Plusieurs générations peuvent porter le
poids de nos erreurs. Sérieux est donc l'engagement
que nous contractons d'avance envers elles. Mieux
que toutes les théories, un exemple nous le fera
saisir.

Observations de M. Pierre Janet sur la descen-

dance d'un alcoolique. — Un savant médecin, M. P.
Janet, nous rapporte les faits suivants : Un jour, on
amène à sa clinique (1) une pauvre femme appelée
Justine, dont l'état physique et moral était effroyable:
son visage pâle et exsangue se marbrait parfois de
plaques rouges ; elle était torturée de crampes, et
des contractures la tenaient plusieurs jours dans les
contorsions les plus bizarres. Des visions obsédantes
hantaient son esprit : elle se croyait atteinte du cho
léra, en ressentait par l'imagination les moindres
symptômes, vomissait ses aliments. D'intelligence
vacillante, elle lisait sans comprendre, incapable
d'attention, de souvenir prolongé. Cette malheureuse
aliénée était en proie à tous les délires. Or, M. Janet
eut la curiosité d'étudier la famille de sa malade, et
d'en reconstituer les étapes : voici ce qu'il décou-
vrit. Le père, ouvrier intelligent et laborieux, avait
pu monter un petit commerce. Mais aimant à boire,
il s'enivrait dès qu'un chagrin, une émotion, un souci
venaient le tourmenter. Et la première génération
issue de cet alcoolique présenta ce triste spectacle :
de 13 enfants, 7 décédaient en bas âge, incapables
de vivre; un garçon alcoolique mourait du delirium
à trente ans ; une fille obsédée de visions, un garçon
alcoolique et criminel, une fille méchante et alcoolique, enfin la malheureuse Justine, subsistaient
seuls. Dans la deuxième génération, 19 enfants mouraient en bas âge ; les survivants etaient une fille
méchante et obsédée, un garçon alcoolique et imbé-
cile, une fille alcoolique et épileptique. La troisième
génération vit décéder 8 enfants en bas âge ; et de

---

(1) A la salle d'hôpital où il soigne les malades.

toute la lignée, au moment où écrit M. Janet, il ne reste qu'un garçon épileptique.

Ainsi une famille, épuisée en tous ses membres, s'est éteinte en trois générations, à travers toutes les misères physiques et morales, par la faute d'un seul, ignorant que la vie ne se transmet à d'autres qu'à condition de la respecter en soi-même.

Le même savant cite encore une de ses malades, qui, née de parents ivrognes, avait gardé des spectacles de son enfance l'horreur et la terreur de l'alcool. Mais, à de certaines heures, l'idée fixe l'envahissait ; une angoisse irrésistible, un besoin tyrannique de boisson forte la jetait au premier cabaret. Elle vidait d'un trait sa bouteille de poison et roulait au ruisseau.

Notre système nerveux, qui préside à toutes les fonctions du corps, qui commande à tous nos mouvements, est une machine infiniment complexe, délicate et fragile. Les excès de tous genres, dont l'ingestion de l'alcool n'est qu'une des formes, désorganisent le cerveau, détruisent ou affaiblissent les facultés intellectuelles, comme la mémoire et l'imagination.

Des impulsions morbides, des idées maladives nous assiègent. Or, c'est cet instrument déséquilibré que nous transmettons aux générations futures. La stabilité de notre esprit une fois détruite par notre imprévoyance, l'hérédité peut troubler la vie spirituelle de tous nos descendants. Avons-nous le droit de créer des êtres que notre oubli d'une solidarité incontestable a marqués d'avance pour la mort ou la folie?

§ 2. La contagion. — Mais à l'égard de nos contemporains ce devoir subsiste aussi. La contagion des maladies est une de ces solidarités physiques qui met notre organisme dans la dépendance des autres. La science vient encore nous expliquer cette relation et nous aider à établir les responsabilités. Elle nous dit comment la maladie contagieuse est due le plus souvent au développement d'êtres vivants microscopiques qui quittent le corps où ils ont pris naissance et, se transmettant par le contact, transportés par l'air où par l'eau, pénètrent dans les voies digestives et les muqueuses respiratoires des autres corps. Elle nous apprend aussi que ces êtres malfaisants prennent surtout une force redoutable lorsque la négligence entretient la malpropreté ou une faiblesse trop grande de l'organisme. Qu'un individu ou un groupe d'individus viennent à dédaigner les préceptes d'une saine hygiène, leurs contemporains peuvent en souffrir. N'est-il pas vrai que nous pouvons, en France, être décimés par le choléra et la peste parce que des pèlerins de la Mecque vivent dans une saleté repoussante, ou que des Indous jettent, suivant le rite, leurs cadavres dans le Gange? Et certes le mahométan fanatique ou l'Indou crédule ne peuvent guère porter le poids de cette faute : ignorant les lois de la contagion, ils ne se doutent point des maux qu'ils préparent aux autres hommes. En est-il de même du jeune Européen, instruit ou capable de s'instruire, que les avertissements de la science et une réflexion libre ont pu éclairer? Et n'est-ce point une grave responsabilité que celle d'une famille dont la malpropreté met en danger une maison, un quartier, une ville ? Ne point fuir la maladie ou ce qui peut la propager, par insouciance ou témérité, n'est pas seulement une faute envers nous-mêmes, c'est parfois un attentat à la vie de nos semblables.

Conclusion. — Ainsi il y a de fortes et redoutables solidarités physiques. Notre santé même est un produit *collectif* : les uns et les autres y contribuent pour une large part.

Qui dira par exemple l'épuisement physique que notre race doit aux guerres du premier empire et à leurs hécatombes effroyables de jeunes gens valides? Qui dira l'avenir d'une nation qui ne demanderait pas aux fortes races paysannes le renouvellement d'un sang ou le retour des énergies que la vie exténuante des villes appauvrit et diminue? Dans la solidarité des organismes notre corps est un rouage important. Il est de notre devoir de ne pas le laisser dépérir. Comme l'a dit excellemment un philosophe : « Tout préjudice porté volontairement à la santé est un péché physique... Les conséquences mauvaises de cette conduite sur ceux qui s'en rendent coupables et sur les générations futures sont souvent aussi funestes que celles du crime. »

Questionnaire :

1. Qu'est-ce que l'hérédité ? — 2. Qu'est-ce que l'hérédité des propriétés *acquises*, par opposition à celle des propriétés apportées en naissant? Pourquoi la première crée-t-elle des devoirs particuliers? — 3. Quels sont les effets de toute détérioration du système nerveux? — 4. Comment se transmettent les maladies infectieuses? — 5. Vous paraîtrait-il injuste que certains actes de malpropreté fussent punis par la loi comme des crimes? — 6. Pourquoi impose-t-on parfois « une quarantaine » à des navires venus de loin ?

CHAPITRE IV

Solidarité économique.

Nous arrivons à des rapports de solidarité bien plus importants que les précédents. On peut les appeler rapports de solidarité *économique*, parce qu'ils s'établissent au sujet de la *richesse* et qu'on nomme science économique celle qui étudie comment les hommes produisent et consomment la richesse.

§ 1. Qu'est-ce que la richesse ? Son importance comme fin (1) **de l'humanité.** — Pour bien comprendre les caractères de la richesse et son importance, il nous faut revenir un instant sur la nature de l'homme.

Les besoins de l'homme. Leur complication. — L'homme est un être vivant. Et le propre d'un être vivant est de ne subsister que par des ressources empruntées au monde, que par des objets *matériels extérieurs*, par conséquent de ressentir des besoins : tels ceux qui concernent la nourriture, le vêtement, le logement, le chauffage, l'éclairage. Ils peuvent être plus ou moins nécessaires, c'est-à-dire que leur satisfaction importe plus ou moins à la vie de l'être. Le besoin d'une nourriture élémentaire est plus sé-

---

(1) Le mot *fin* est synonyme du mot *but*.

rieux qu'un désir de parure (1). Mais les besoins de l'homme deviennent indéfiniment plus compliqués et plus variés à mesure que se perfectionne sa vie organique et surtout son intelligence et ses sentiments. La recherche de la nourriture se diversifie avec l'existence : Qui se contenterait, aujourd'hui, comme le sage antique, d'un morceau de pain et d'un verre d'eau? Quelle complexité, quelle délicatesse 'dans nos aliments! Mais nous avons aussi des sentiments de joie à la vue de la beauté : ils nous font souhaiter sa possession, désirer l'éclat de certaines pierres, les feux incomparables du diamant. Et le contact de nos semblables nous donne des sentiments de vanité qui nous font rechercher ces mêmes diamants, moins par amour de la beauté que par désir d'être supérieurs aux autres en les acquérant. Ce sont encore des croyances et des sentiments religieux qui nous font attacher du prix à de saintes reliques, à des monuments réservés à la prière. Innombrables sont les désirs qui jaillissent comme une ardente floraison du cœur de l'homme.

La richesse. — Il faut entendre par richesse tous les objets matériels qui peuvent satisfaire, directement ou non, un désir quelconque, nécessaire ou artificiel, raisonnable ou absurde. La grossière idole taillée dans le bois a son prix aussi bien que le pain. La richesse est donc tout objet qu'à tort ou à raison nous jugeons *utile* (2). Or, les objets utiles, ou plutôt

(1) Le besoin n'est qu'un désir particulièrement nécessaire.

(2) Cette définition s'écarte un peu de l'idée commune qu'on se fait de la richesse. On entend en effet d'ordinaire par richesse la propriété d'or ou d'argent. Mais qui ne voit que l'or ou l'argent n'ont ici de prix que comme moyen d'acheter à d'autres hommes des objets désirés? Cette idée vulgaire est dont une confusion produite par l'institution de la propriété et de l'échange.

les propriétés utiles des objets, sont des produits du travail. La plupart des corps de la nature n'ont pas en effet par eux-mêmes de telles propriétés. La pierre doit être extraite et taillée pour servir à bâtir ; le lin doit être cultivé, filé, tissé, cousu, pour former un vêtement. Ceux mêmes qui, ayant des propriétés utiles, ne demandent pas de travail pour être produits et transformés, en exigent pour être mis à notre portée : ne faut-il pas péniblement puiser l'eau, chasser le gibier, cueillir les fruits sauvages?

Regardons autour de nous : l'activité manuelle aussi bien qu'intellectuelle de l'humanité est *presque tout entière* occupée à produire la richesse. Et nous comprenons pourquoi c'est là une des fins les plus considérables de l'humanité : la richesse n'est que *la nature matérielle adaptée par notre labeur en vue de notre bien-être*. Elle est donc produite par du travail et destinée à satisfaire des besoins.

§ 2. La production de la richesse est l'œuvre du travail collectif. — C'est un fait que la richesse, qui satisfait les désirs de l'individu, est produite par la coopération de tous. La nécessité a imposé à l'homme cette coopération et lui a donné mille formes qui nous enserrent dans une solidarité de plus en plus complexe et étroite. Spectacle admirable et émouvant que celui des formes diverses de ce labeur commun, par quoi les hommes arrachent à la nature leur commun bien-être !

Association simple. — Alors que dix hommes peuvent produire un certain effet, par exemple porter une poutre, un homme seul ne saurait produire un dixième de cet effet. Cette impuissance a imposé l'association. Mais l'association est simple quand tous les associés font des besognes semblables. C'est elle que les hommes ont employée pour transmettre les nouvelles à distance, ébranler les galères à quatre rangs de rames.

Division du travail. — La coopération se présente sous une autre forme qui nous rend autrement dépendants les uns des autres. Au lieu que chaque individu accomplisse toutes les opérations nécessaires à la production d'un objet, les autres individus se partagent la besogne. Veut-on construire une maison, un corps de métier apporte les pierres, un autre prépare la chaux, un autre coupe des arbres, un autre les scie et les débite en planches, un autre fabrique les clous : ce ne sont pas cent, mais des milliers de corps de métier qui coopèrent à la maison. Et dans chacun, ou plus précisément dans chaque atelier, la division des fonctions se poursuit. Vingt ouvriers peut-être collaborent à la fabrication des clous : l'un aiguise la pointe, l'autre aplatit la tête.

Fécondité de la division du travail. — Cette division donne à l'activité humaine une incomparable puissance. L'individu, par lui seul, ne peut produire qu'un objet demandant un nombre extrêmement restreint d'opérations : la société peut produire des objets qui en exigent un nombre infini. L'individu ne peut bâtir qu'une hutte, la société peut édifier des palais, des villes monstrueuses.

Constitution d'un capital social. — La division permet de grossir de plus en plus le *capital social*. On appelle ainsi les produits du travail qui ne sont pas utiles par eux-mêmes, mais qui servent à fabriquer les objets immédiatement utiles. Tels sont les bâtiments d'exploitation, les machines, les routes, qui ne sont encore que des instruments de travail. L'individu seul n'aurait pu vaquer à la production de ces objets préparatoires. Ce capital de la société est en quantité considérable : quel petit nombre d'individus subsisterait sur la terre, s'il n'avait été constitué par le labeur des siècles !

§ 3. Nature de la solidarité qui résulte de la division du travail. — Il est évident que l'homme qui ne produit qu'une opération partielle, qui crée non pas même un seul genre d'objets utilisables, mais seulement un élément d'un de ces objets, ne peut satisfaire ses besoins avec le résultat de son travail. On ne vit pas de clous ou de têtes de clous. L'individu cantonné dans une besogne partielle ne peut donc vivre qu'en recevant, en échange de ce qu'il fait, des objets produits par d'autres hommes. Il dépend d'eux sous peine de mort. C'est vraiment là une solidarité qu'on peut appeler *organique*, tant elle ressemble à celle qui relie les organes de notre corps. Par elle nous sommes unis comme le cœur l'est aux poumons ou au cerveau, comme le sont les membres d'un même corps ayant en commun le sang et la vie.

Comment cette solidarité s'étend dans l'espace et le temps. — Cette coopération se poursuit dans l'espace : chaque région finit par ne produire que les objets pour lesquels les matériaux de son sol, ou son climat, ou les aptitudes de ses habitants lui offrent e plus de ressources. L'Angleterre extrait la houille de son sous-sol et monte des usines, cependant que d'autres pays fournissent la laine, le coton, le fer que ces usines travailleront, et les denrées agricoles que consommeront les ouvriers manufacturiers.

Mais si elle s'étend dans l'espace, cette solidarité plonge aussi dans le passé et rattache les générations actuelles aux générations écoulées : car celles-ci ont préparé les instruments qui nous servent aujourd'hui. Pour le morceau de pain que nous mangeons ont travaillé les cultivateurs de nos campagnes, et les forgerons qui ont forgé les bêches, et les mineurs qui en ont procuré le fer; plus loin encore, le Celte Ibère qui, dans la nuit de l'histoire, a défriché cette terre de Gaule, et le Grec ingénieux qui a inventé la charrue. Dans la satisfaction du moindre de nos désirs entrent le labeur, la peine et l'angoisse de l'humanité presque entière.

§ 4. Solidarité relative à la consommation des richesses. — Les richesses produites par l'effort commun sont en quantité limitée, très limitée. Soit que nos forces de travail se trouvent insuffisantes, soit que nos machines n'aient pas assez de puissance, soit que la terre cultivable n'ait pas assez d'étendue et que les matières premières, le fer, le charbon, le cuivre n'existent pas en assez grande abondance, soit même que nous nous arrangions mal pour produire ; que ce soit pour l'une ou l'autre de ces causes ou pour toutes réunies, le fait à constater, c'est que nous ne produisons pas assez pour que tous les besoins soient parfaitement satisfaits.

Ces richesses se répartissent entre les individus, de telle sorte que chacun en a une certaine part dont il peut user, qu'il peut, comme on dit, « consommer ». Nous étudierons plus loin comment les richesses se répartissent actuellement chez les peuples civilisés. Mais peu importe la façon dont s'opère cette répartition : ce que nous pouvons tout de suite apercevoir, c'est que si un homme, peut-être en toute justice, consomme et retient pour son usage personnel une grande quantité de richesses, les autres en ont une part moins considérable ; s'il satisfait un grand nombre de ses besoins, les autres ne peuvent satisfaire qu'un petit nombre des leurs.

Il y a là une conséquence évidente, si on y réfléchit. Et cependant, elle se dissimule si bien parfois, qu'on a peine à la saisir. Faisons quelques suppositions pour la suivre plus sûrement.

Voici un particulier d'une fortune opulente qui, encore une fois très justement peut-être, consacre de vastes plaines à ses chasses, se fait bâtir des palais, vit luxueusement. En quoi diminue-t-il par là la part des autres ? Ne fait-il pas travailler des ouvriers, des commerçants ? Ne leur paye-t-il pas tous ces objets qu'il « consomme » ? Certes. Mais supposez un instant qu'il fasse cultiver ses terrains de chasse, qu'il fasse bâtir des maisons modestes pour les louer, qu'il fonde une industrie nouvelle. Les ouvriers et les commerçants travailleraient donc tout autant et n'y perdraient rien. Mais il y aurait plus de produits agricoles, plus de maisons pour satisfaire les besoins de tous.

Faites mieux. Supposez qu'il donne à des indigents ce qu'il dépensait pour lui. Le profit pour les autres est encore plus certain. Ces indigents achèteront divers produits : des ouvriers et des commerçants travailleront toujours autant, mais les besoins des indigents seront satisfaits. Il est donc vrai, en gros, que, moins il consomme pour lui, plus il reste à la société.

Prenons un exemple réel. L'État anglais, que nous pouvons assimiler à un particulier, a consommé une énorme quantité de houille pour son expédition du Transvaal. Afin de satisfaire ce besoin de guerre, il a prélevé sur la production annuelle de cette matière une part d'une importance inaccoutumée. Les autres peuples et les foyers domestiques en ont eu moins et ont souffert de cette disette. Sans doute, on pouvait accroître la production des mines en y mettant un plus grand nombre d'ouvriers et en y consacrant plus d'argent, mais ces ouvriers et cet argent, manquant aux autres industries, d'autres produits eussent fait défaut. De toute façon, si l'on prend plus au commun réservoir, d'autres y trouvent moins pour étancher leur soif.

Ce n'est pas dans notre intérêt particulier seulement, mais aussi dans l'intérêt de la société, que nous devons modérer nos désirs, épargner, employer judicieusement nos richesses à en produire d'autres : nos consommations, nos dépenses retentissent sur les besoins des autres. Il y a encore là une solidarité qui nous crée de grands devoirs.

Questionnaire :

A. **Sur la définition de la richesse.** — 1. Pourquoi nos besoins s'accroissent-ils avec la civilisation? — 2. Qu'est-ce que la richesse? — 3. Montrer que toute richesse suppose du travail.

B. **Sur la production de la richesse.** — 1. Distinguer l'association simple et la division du travail. — 2. Qu'est-ce que le capital social? — 3. Pourquoi la quantité de richesse s'accroît-elle chaque jour? — 4. Quelle est la nature de la solidarité qui résulte de la division du travail ?

C. **Sur la solidarité relative à la consommation de la richesse.** — Apprécier ce mot de Stuart Mill : « On est utile aux autres, non par ce que l'on consomme, mais par ce que l'on ne consomme pas soi-même. »

CHAPITRE V

Solidarité scientifique.

Nous savons tous que l'homme règne sur les autres êtres de la nature par son intelligence, parce
qu'elle crée la science. Ainsi la science est encore
une des fins les plus considérables de l'humanité.
Mais essayons de concevoir avec plus de précision
ce qui lui donne tant d'importance, et cherchons
ensuite s'il n'y a point encore là un but que l'individu isolé ne saurait atteindre.

**§ 1. Importance de la science comme fin
de l'humanité.** — Voici l'homme jeté au milieu de
la nature indifférente ou hostile. Quelle force lui per-
mettra d'agir sur elle, de l'asservir? Il ne dispose
que de sa force musculaire, il peut se déplacer avec
ses jambes, transporter des pierres dans ses bras.
Mais qu'il est vite épuisé! Que sa course est lente,
que ses bras sont faibles, si l'on songe à la violence
des fleuves et du vent, à la vigueur même de la plupart des animaux. Et les siècles, loin d'accroître cette
force musculaire, semblent au contraire l'appauvrir.
Mais la science, lui venant en aide, a démesurément
accru ses effets ; nous allons voir par quel moyen.

Comment la science accroît notre pouvoir. —
Laissons tomber un morceau de plomb d'une cer-

taine hauteur. Ira-t-il vers le sol avec une vitesse quelconque? Non pas. En vertu d'une sorte de *nécessité* naturelle, la vitesse de sa chute va croissant et cette progression est rigoureusement déterminée par rapport aux distances parcourues. Et s'il tombe sur un corps dur et ne rebondit pas, encore en vertu d'une nécessité naturelle, ce plomb s'échauffera. Jetons à l'eau un morceau de bois ; s'il est plus léger que l'eau, nécessairement il flottera. Ces exemples suffisent à nous faire comprendre que tous les faits sont soumis à des *lois*, c'est-à-dire *à des nécessités en vertu desquelles ils se produisent d'une certaine façon, dans certaines conditions, et ne peuvent pas se produire autrement.* La science étudie et arrive à connaître ces lois. Sachant comment tombent les corps, elle dira à coup sûr la vitesse de chute d'une pierre à une distance donnée de son point de départ. Tel est le secret de la puissance miraculeuse qu'elle nous confère. Supposons que nous voulions parcourir cent kilomètres en une heure. Nos jambes sont incapables de cet effort. Mais la science nous apprend que la force d'expansion de la vapeur d'eau peut produire un pareil mouvement. Or, il est à la portée de nos bras de transformer de l'eau en vapeur par un chauffage convenable. C'est un exemple type de tous les autres. Un *fait* n'est-il pas à notre portée, la science découvre dans quelles conditions il se produit ; or, ces conditions nous sont peut-être aisées à réaliser ; le fait alors naîtra de leur accomplissement. Ainsi *la science nous enseigne où nous devons appliquer nos forces pour que les effets désirés se produisent en vertu des lois qui régissent la nature.*

L'art primitif de l'homme et la science moderne.
— Les arts primitifs des hommes, moyens grossiers
pour obtenir quelque résultat, étaient déjà une sorte
de science. Ils reposaient sur une connaissance,
bien élémentaire il est vrai, des lois de la nature. Si
l'homme traversait le fleuve sur un radeau de branches, c'est qu'il savait que le bois léger flotte sur
l'eau ; s'il allumait du feu, c'est qu'il avait surpris
l'étincelle au choc de deux silex. Ce savoir rendait
déjà efficace son action. Mais la science a continué
son œuvre. Elle a mieux approfondi ces faits ; elle
en a découvert d'autres. Innombrables sont les lois
qu'elle connaît avec précision, qu'elle met en nos
mains comme autant de leviers pour soulever le
monde : La physique révèle chaque jour des effets
nouveaux et gigantesques de l'électricité et de la vapeur ; la chimie transforme des substances inutiles
et abondantes en substances précieuses pour la vie,
et un grand chimiste prédit qu'avant peu nos usines,
oubliant l'agriculture, produiront tous les aliments ;
la médecine étudie les causes de la tuberculose et
en déduit les moyens de la prévenir et même de la
guérir ; et Descartes annonçait sans rire qu'un jour
on supprimerait la mort.

Et maintenant ces expressions nous apparaissent
lumineuses : *la science accroît indéfiniment notre
force ; elle nous rend maîtres de la nature.*

La science a de la valeur par elle-même. — Les
hommes n'ont surtout recherché la science que pour
son utilité ; pourtant c'est méconnaître tout son prix
que de l'estimer seulement pour la puissance qu'elle
nous donne, pour les transatlantiques, les télégraphes, les remèdes dont elle nous munit. N'a-t-elle

donc qu'un mérite pratique? Non, la science, même
inutile, aurait une valeur propre ; elle serait un bien
appréciable par cela seul qu'elle nous découvre la
grandeur de l'esprit humain. Pascal a écrit ces
mots immortels : « L'homme n'est qu'un roseau, le
« plus faible de la nature, mais c'est un roseau pen-
« sant. Il ne faut pas que l'univers entier s'arme
« pour l'écraser. Une vapeur, une goutte d'eau suffit
« pour le tuer. Mais quand l'univers l'écraserait,
« l'homme serait encore plus noble que ce qui le
« tue, parce qu'il sait qu'il meurt, et l'avantage que
« l'univers a sur lui, l'univers n'en sait rien. Toute
« notre dignité consiste donc dans la pensée. » On
ne pouvait avec plus de clarté et de profondeur révéler le prix de la science. Elle est l'esprit qui comprend les choses et qui leur est supérieur par là
même.

§ 2. La science est une œuvre collective.—
Ce que nous avons dit de la richesse est encore plus
vrai de l'édification de la science. Elle n'est pas
l'œuvre de l'individu.

Solidarité entre les générations successives. —
Un seul homme, quelque génie qu'il ait, ne pourrait
découvrir toute la géométrie. Et pourtant les derniers théorèmes dépendent des premiers. On ne peut
aborder ceux-là qu'en connaissant ceux-ci, comme
on ne gagne le sommet d'une échelle qu'en gra-
vissant d'abord les échelons inférieurs. C'est l'image
de toute la science. Les découvertes actuelles ne
sont possibles que grâce aux découvertes de ceux
qui nous ont précédés. La locomotive perfectionnée
suppose la marmite de Papin ; mais le même homme

ne pouvait, dans le cours étroit d'une vie humaine, disposer l'une et créer l'autre. Que d'essais grossiers, que d'efforts il a fallu entre les deux!

Solidarité résultant de la division du travail. — Mais cette solidarité scientifique n'unit pas seulement les siècles. Ici encore la division du travail s'est imposée. La science est trop vaste pour habiter une tête unique, et ses progrès constants le lui interdisent de plus en plus. Pline l'Ancien possédait presque tout le savoir de son temps. Quel savant aujourd'hui pourrait connaître le détail de toutes les sciences? L'un se cantonne dans les mathématiques et même dans une partie des mathématiques, l'autre dans une section de la physique. Et nous concevons que la possibilité des découvertes est à ce prix. Cependant les diverses parties de la science dépendent les unes des autres et le physicien demande au mathématicien certaines vérités dont il a besoin. La vie intellectuelle de l'un se nourrit de celle de l'autre; ou plutôt la vie intellectuelle, créatrice de la science, s'accomplit en une multitude d'esprits.

Tous les collaborateurs de l'œuvre scientifique. — La science avance parfois par bonds, grâce à de puissants génies, comme Descartes, Newton, Pasteur. Ce sont là les *héros* de la science. Leur clair regard a exploré le chemin; ils guident plus avant l'humanité qui tâtonnait. Mais la science suppose aussi le labeur plus humble de ceux qui ne connaîtront pas la gloire, qui n'auront pas le triomphe de la découverte, mais qui préparent la découverte en accumulant les observations, en s'inoculant une maladie pour l'étudier. Disons plus. Pour que la science se fasse, il faut aussi qu'une classe d'hommes

soit vouée à la tâche d'enseigner et de préparer les
esprits ; et il faut encore que la nation entière assure
aux savants les moyens de vivre et de se consacrer à la
recherche. Le laboureur payant des impôts qui contribuent à l'entretien des laboratoires, collabore à sa
façon à cette œuvre, qui lui revient par l'enseignement ou sous la forme de machines perfectionnées.

Ainsi l'individu ne comprend progressivement les
choses que par la collaboration de ses semblables.
Tous les âges se succèdent sur cette route intermi-
nable ; tous les hommes de toutes les nations marchent côte à côte dans cette armée du progrès. Chacun d'eux, intelligent ou médiocre, savant et même
ignorant, peut prendre sa part de ce labeur commun,
joindre sa petite peine à cet immense effort qui fait la
dignité et la puissance de l'espèce humaine.

Questionnaire :

1. Citer des découvertes qui ont accru notre pouvoir sur la nature
— 2. Qu'est-ce qu'une loi de la nature? Pourquoi la connaissance
d'une loi accroît-elle notre pouvoir ? — 3. Pourquoi Pascal dit-il
que l'homme est supérieur à l'univers qui l'écrase ? — 4. Comment
la nation tout entière, y compris les paysans et les ouvriers, colla-
bore-t-elle au progrès des sciences ?

Lecture.

Bienfaits de la science (1).

Une chose évidente, d'abord, messieurs, c'est que chaque
découverte de l'esprit humain correspond à un progrès
moral, à un progrès de dignité pour l'universalité des
hommes. Sur des monuments bâtis il y a près de trois

----

(1) Extrait d'une conférence faite par M. Renan dans une réunion électorale.

mille ans, les monuments de Ninive découverts il y a près
de trente ans, vis-à-vis de Mossoul, on voit représentée la
manière dont on dressait ces colosses qui décoraient ces
monuments et dont vous pouvez voir quelques spécimens
au musée du Louvre ; le mode de traction est d'une sim-
plicité effrayante : des centaines d'hommes attelés et tenus
au cou par une corde, tiraient par la tension de tous leurs
muscles le taureau colossal ; à chaque dix hommes, il y
avait un préposé aux travaux qui distribuait à tort et à
travers des coups de bâton, comme on ne le fait pas maintenant pour les chevaux. Cela est horrible, cela vient de ce
qu'il n'y avait pas alors de machines ; l'animal même était
très peu employé. Les bras de l'homme étaient presque le
seul moyen de traction que l'on eût. — Prenez une galère
antique, un de ces grands navires des Grecs, si admirables
de construction, quel en est le moteur, messieurs ? C'est
encore la force des bras. Dans les flancs de ce beau navire.
il y a un enfer ; il y a là des centaines de créatures humaines
entassées les unes sur les autres d'une façon à peine convenable et qui, menant une vie d'éternels gémissements,
livrées aux plus cruels traitements, faisaient aller les rames
et marcher le navire. Cela a duré presque jusqu'à nos
jours, nous avons des tableaux de ce qu'était l'intérieur
d'une galère sous Louis XIV : c'est à faire dresser les cheveux sur la tête et ce n'est pas sans raison que le mot de
galère est resté synonyme des plus terribles travaux forcés.
Pourquoi ces horreurs ? Il n'y avait pas de vapeur alors,
l'art de la navigation était peu avancé. Les bras de l'homme
appliqués directement à la rame étaient le seul propulseur.
Prenez notre plus grand vaisseau, la somme d'effort musculaire dépensée à la manœuvre est presque insigni-
fiante.

Dans l'antiquité vous avez un autre travail presque aussi
pénible que celui de la rame, c'était celui de la meule. Il
n'y avait pas de moulins à eau ni à vent, on broyait le blé
à force de bras, au moyen de deux meules dont l'une était
conique et l'autre s'emboîtait dans la première. Tourner la
meule était synonyme du plus cruel châtiment. Les moulins ont fait disparaître cette hideuse occupation.

Il n'y a pas jusqu'aux inventions les plus meurtrières qui

n'aient servi à la civilisation. Avant la poudre à canon,
celui qui avait un bon cheval et une bonne armure était tel-
lement supérieur au pauvre homme désarmé que celui-ci
n'avait qu'à plier devant lui ; depuis la poudre à canon et
l'artillerie, la supériorité du chevalier, du seigneur féodal,
a disparu. Tout homme, pourvu qu'il soit brave, est l'égal
d'un autre ; dès lors, nos grands Etats modernes, négation
de la féodalité, ont été créés. Rien ne prouve mieux, messieurs, combien toutes les parties de l'humanité sont solidaires. Une découverte faite à un bout du monde devient
émancipatrice, instrument de progrès à l'autre bout ; un
savant solitaire découvre une loi de la nature, et cette loi
bien connue fait disparaître des supplices, des douleurs et
des hontes héréditaires ; un calcul abstrait aboutit à des
mesures de haute philanthropie.

. . . .

Ai-je réussi à vous montrer, messieurs, que ces études,
en apparence réservées à un petit nombre, sont des mères
fécondes de découvertes dont tous profitent, que le peuple a
le plus grand intérêt à ce qu'il y ait des savants qui travaillent à agrandir le cercle des connaissances humaines,
que les plus belles inventions sortent des travaux d'abord
obscurs et solitaires. Et ces inventions ne sont rien compa-
rées à ce qu'on pourrait faire. Et le bien qui en est résulté
pour le peuple n'est rien comparé à celui qui en sortira.

Un monde sans science c'est l'esclavage, c'est l'homme
tournant la meule, assujetti à la matière, assimilé à la bête
de somme. Le monde amélioré par la science sera le
royaume de l'esprit, le règne des hommes libres.

Réunissons-nous, messieurs, dans ces espérances. La foi
au progrès est la grande consolation de ceux qui travaillent
et luttent pour l'avenir. Rappelez-vous, messieurs, l'illustre
Condorcet. En 1793, victime de la Révolution qu'il avait
plus que personne préparée, le voilà proscrit, forcé de fuir.
Il trouve un asile dans les environs de Paris, chez une personne dévouée. Que va-t-il faire dans sa retraite, sous le
coup de la mort ? Il écrit un livre admirable, le tableau des
progrès futurs de l'esprit humain.

Quel courage, messieurs ! La mort le menace à toute
heure, une âme moins forte eût maudit cette Révolu-

tion ingrate, qui voulait le tuer. Lui n'a pour le présent ni
colère, ni reproches ; il n'est pas un moment ébranlé, il
écrit son livre sous la menace du plus aveugle fanatisme,
il trace l'idéal qui sera un jour réalisé. Admirable sérénité
d'un sage ! Il annonce le triomphe prochain de la liberté et
de la justice pendant le règne de l'iniquité et de la tyrannie. Sa plume ne tremble pas un instant. A peine quelque
bruit du dehors lui parvient dans sa retraite. Un jour, un
débris de feuille publique lui apporte le texte de cette terrible loi des suspects qui vouait à la mort quiconque donnait asile à un proscrit. Il annonce alors à la femme coura-
geuse qui l'avait recueilli, Mme Verney, qu'il va la quitter :
« Je suis hors la loi, dit-il. — Et moi, lui répond Mme Verney,
e ne suis pas hors de l'humanité. » Condorcet s'échappe,
vit plusieurs jours dans les bois de Clamart. La faim l'oblige
à en sortir, quelques jours après, il était mort. Ne le plaignons pas ; il a eu sa foi, cette foi qui, dans les moments où
le ciel est triste, nous ouvre l'avenir, cette foi qui nous assure que d'autres après nous jouiront de nos travaux.

CHAPITRE VI

Solidarité morale.

Si la science est le produit d'une collaboration, la moralité n'est-elle pas le bien propre de l'individu. son œuvre personnelle ? L'honnêteté ne peut-elle pousser d'elle-même dans un milieu malhonnête : ou, comme dit la religion, ne peut-on faire seul son salut, mériter la vie bienheureuse ? N'en croyons rien. Là encore nous trouvons une certaine dépendance.

Notre moralité est un ensemble de sentiments : c'est la grossièreté, l'égoïsme, l'hypocrisie ; ou bien c'est l'amour du bien public, l'enthousiasme pour les causes qu'on croit justes, l'horreur du mensonge.

Or, tous ces sentiments qui constituent notre vie morale s'acquièrent, se conservent ou se perdent, en partie, sous l'influence de nos semblables. Ceux-ci ont sur notre méchanceté ou sur les élans de notre charité une action indéniable, dont nous allons étudier les diverses formes.

§ 1. **L'imitation.** — C'est un fait très général que nous avons une tendance à imiter les personnes qui nous entourent, lorsque leurs actes ou leurs paroles manifestent certains sentiments : nous sommes portés *à éprouver les mêmes sentiments et à exécuter les* *mêmes actions*. C'est une sorte de communication, une véritable contagion, que nous subissons le plus souvent sans le savoir. Parfois pourtant elle se manifeste avec une éclatante évidence.

Les natures impressionnables, peu maîtresses d'elles-mêmes, s'y abandonnent d'instinct. Voyez avec quelle incroyable nécessité l'enfant prend le langage grossier, les mauvaises manières, l'impolitesse de ceux qui l'entourent ; comme il devient aisément égoïste et cruel si on l'est autour de lui, comme il s'ennuie quand on s'ennuie, comme il est gai quand on est gai.

La contagion des passions violentes. — Dans une foule, cette contagion prend une force irrésistible. Les faits-divers des journaux nous rapportent à chaque instant des tentatives de lynchage. des hommes, dont chacun pris à part est sensé, peut-être généreux, se sont précipités sur l'auteur présumé d'un crime avec des cris hostiles, prêts au massacre. Un ancien préfet de police raconte que, sous le règne de Louis-Philippe, pendant l'épidémie de choléra, le bruit se répandit soudain que des hommes empoisonnaient l'eau des fontaines, les aliments. En quelques heures, Paris devint un peuple de brutes féroces, hurlant à la mort. Toute personne munie de bouteilles, de fioles, était immédiatement soupçonnée, poursuivie. Plusieurs massacres eurent lieu malgré la police impuissante. De pareils faits ne révèlent-ils pas notre fragilité et notre dépendance? Une personne raisonnable, comme tous nous croyons l'être, est donc exposée, à moins d'un vigoureux effort de volonté, à la contagion presque violente d'un sentiment sauvage, qui lui ôte jusqu'à l'usage de la

raison ! Parfois c'est, dans la foule, une contagion
d'héroïsme ; c'est la nuit célèbre du 4 Août 1789, où
les représentants du clergé et de la noblesse, dans
un élan d'enthousiasme, avec des pleurs d'attendris-
sement, abandonnent leurs privilèges, qu'ils regret-
tent sitôt séparés. Et l'on a vu, au cours des persé-
cutions religieuses, un désir de souffrance, une soif
de martyre pousser les croyants au supplice.

L'exemple. — Mais si dans ces cas extrêmes l'imitation prend cette vigueur, c'est qu'elle agit toujours
à quelque degré. Nous sommes toujours soumis à
l'influence de l'*exemple*. Il est malaisé de rester honnête homme dans une société dissolue, immorale.
L'histoire nous offre mille cas d'épidémies morales, d'accès de dépravation transmis comme une
peste, à la fin de l'empire romain, aux derniers jours
de Byzance, sous la Régence qui suivit le règne de
Louis XIV. Et l'exemple n'a-t-il pas plus de force
encore quand il est près de nous et frappe constam-
ment nos yeux, quand il nous est offert par nos
parents, par nos amis ?

§ 2. **L'opinion des autres.** — Ceux qui nous entourent manifestent des sentiments sur le bien et
sur le mal. Ils influent sur nous par l'imitation, mais
aussi par un autre moyen, par *le désir très puissant
que nous avons d'être approuvés et la peine que nous
éprouverions à être blâmés*. Observons-nous avec un
peu de pénétration. Pourquoi nous gardons-nous de
certaines fautes, par exemple de copier dans un
concours ? Est-ce par devoir ? Peut-être. Mais, si
nous y prenons garde, c'est surtout que nous ne
pourrions supporter le blâme public de notre famille,

de nos amis, de telle personne qui nous impose, de ces indifférents qu'on appelle tout le monde. Leur opinion, si elle est ferme, nous *maintient;* si elle faiblit, nous défaillons.

M. Paul Bourget, dans son livre sur l'Amérique, remarque avec admiration que l'Américain ne ment pas, et cela parce qu'en son pays l'opinion publique est sévère au mensonge. Une opinion publique forte et rigoureuse, comme elle existe en certaines contrées aux mœurs austères, maintient l'individu. Mais si l'opinion se relâche, si elle devient trop indulgente, si l'habitude se généralise, comme il arrive trop souvent, de traiter par la plaisanterie ce qu'il y a de plus sérieux au monde, la bonne ou la mauvaise conduite, l'individu, livré à lui-même, s'abandonne aux premières impulsions venues. Les bonnes ou les mauvaises mœurs d'un pays s'expliquent surtout par là. Ces crimes qu'on appelle passionnels deviennent très fréquents à Paris. C'est, dit-on, que le jury ne condamne pas les coupables. Mais le jury lui-même n'est que l'organe et le porte-parole de l'opinion. La véritable cause est donc dans l'opinion, qui, par faiblesse, légèreté, ironie, ne blâme pas sévèrement ce que pourtant elle juge blâmable.

§ 3. **L'éducation**. — Nous en parlons en dernier lieu, parce qu'il fallait faire connaître d'abord ses ressorts, l'imitation et l'opinion. *L'éducation, c'est l'influence de l'exemple et de l'opinion exercée durant notre enfance et par ceux qui ont une auto rité particulière sur nous, nos parents ou nos maîtres.* Ces deux circonstances lui donnent son incomparable puissance. Enfants, nous sommes particuliè-

rement impressionnables, susceptibles surtout d'être
modifiés par l'action d'autrui, parce que nous sommes
le moins nous-mêmes. D'autre part nos parents, nos
maîtres sont des personnes que nous aimons : nous
sommes portés naturellement à les respecter, à les
tenir pour les arbitres du bien et du mal. L'enfant
s'abstient de battre ses camarades plus faibles, non
en vertu d'un jugement de sa raison personnelle,
mais parce que son père ou sa mère trouvent bon
qu'il en soit' ainsi. Il n'est donc point étonnant que
la moralité de l'enfant soit en grande partie le produit de l'éducation. Comment ne serait-il pas men-
teur, s'il voit ses parents mentir par calcul d'intérêt
et hypocrisie, et surtout si ceux-ci ne se montrent pas
sévères pour lui et affligés quand il ment? si la sin-
cérité a contre elle l'exemple, sans avoir pour elle
l'opinion? Certains enthousiasmes juvéniles n'ont
parfois pas d'autre cause. Que de jeunes manifestants
vont sur les places publiques proclamer les idées
de leur père, qui les tient lui-même de son journal!

Certes il est toujours possible que l'individu, quand
il voit clairement son devoir, y reste fidèle malgré
toutes les influences sociales. Une volonté forte
et sagace peut résister à l'exemple, à l'opinion,
même aux résultats d'une éducation mauvaise. Et
cette possibilité suffit à nous rendre responsables
vis-à-vis de notre propre conscience ; elle doit nous
empêcher de nous excuser nous-mêmes. Et ce sont
bien les efforts de l'individu ou ses défaillances qui
modifient la moralité sociale.

Mais il n'en reste pas moins que la volonté de
chacun de nous est gravement soumise aux influences du milieu. Nous avons grand besoin de

l'honnêteté des autres, surtout de ceux qui nous sont proches, pour être et rester honnêtes. Il est donc vrai qu'en une très large mesure la vertu, même la plus retirée, est une œuvre collective. Le saint qui fuit au désert la contagion du mal, voulant faire son salut tout seul, n'obéit-il point sans le savoir aux sentiments hérités des meilleurs des hommes qui ont laissé leurs enseignements dans sa mémoire et dans son cœur?

Questionnaire :

1. Qu'est-ce qui constitue notre *moralité ?* — 2. Pourquoi l'exemple a-t-il sur nous plus d'influence que les paroles ? — 3. Pourquoi l'opinion publique a-t-elle tant d'action sur l'individu ? Citer des exemples. — 4. Chercher des cas où l'opinion publique, telle que vous la connaissez, n'est pas conforme à la raison; *a.* des cas où elle approuve ce qu'elle ne devrait pas approuver; *b.* où elle fait expier à des innocents des fautes qu'ils n'ont pas commises ; *c.* où surtout est-elle indulgente à des fautes graves? — 5. Pourquoi des lois, comme celles qui ont interdit le duel, ne parviennent-elles pas à être appliquées quand elles ont contre elles l'opinion publique? — 6. Quelles sont les deux raisons pour lesquelles l'éducation a tant d'influence sur le caractère de l'enfant ?

CHAPITRE VII

Devoirs qui résultent de la solidarité; obligations créées par l'instruction qu'on a reçue.

Les premières pages du livre ont cherché la source profonde de nos devoirs, les motifs que nous avons d'observer certaines prescriptions. Nous avons trouvé que pour nous conformer à ce que la raison déclare vrai pour tous, nous devons nous *intéresser* à notre prochain comme à nous-mêmes, nous devons vouloir son *bien*, qui est la satisfaction de ses désirs, dans la mesure où son bien s'accorde avec celui de ses semblables et ne consiste pas, par exemple, à leur nuire.

Or, nous vivons en société; c'est dans la société que nous devons exercer notre bonne volonté. Quelles sont les obligations qui dominent nos rapports avec nos semblables? Quels sont les devoirs qui résultent de ce grand fait de la solidarité, si essentiel à notre vie, devoirs que nous n'aurions pas si nous étions indépendants d'autrui?

§ 1. Devoirs qui résultent de la solidarité. — Demandons-nous quelles sont les attitudes possibles de l'individu à l'égard de la société; et nous pourrons distinguer sans peine celles qu'il faut prendre et celles qu'on doit rejeter.

A. Comment l'individu ne doit pas nuire à la société et l'exploiter. — En explorant les dessous de la société, nous avons constaté à chaque pas que nos actes ont sur nos semblables une *répercussion* étendue et prolongée, qu'un regard superficiel ne découvre pas. La solidarité multiplie presque à l'infini leur fécondité. c'est-à-dire leur puissance de produire des effets sur la société. Ces effets peuvent être bons, mais être aussi tout le contraire.

L'individu peut nuire à autrui. Au lieu de collaborer, il peut tirer à lui, pour ainsi dire, les résultats de la collaboration, il peut exploiter la société, recevoir sans rendre. Il y a des exploiteurs qui souvent ignorent leur rôle.

Celui qui reçoit un corps en bon état et qui, comme dans l'exemple terrible emprunté à M. P. Janet, transmet un corps usé, un système nerveux déséquilibré, des facultés intellectuelles exténuées, celui-là gaspille un capital organique formé par ses ancêtres et exploite ses descendants.

Celui qui consomme de la richesse sans en produire ; celui qui prend dans la richesse obtenue en commun de quoi satisfaire un nombre de besoins exagérés par rapport à cette quantité, celui qui n'emploie pas utilement les capitaux sociaux ou instruments de production ; le propriétaire qui, par ignorance, cultive sa terre avec des méthodes surannées, tous ceux-là sont des exploiteurs.

Celui qui laisse s'abaisser en lui le foyer de la vie morale, qui, donnant de mauvais exemples, contribue au relâchement de l'opinion publique, qui diminue a moralité sociale cependant qu'il profite de celle qui persiste dans les cœurs, celui-là exploite encore.

Et qu'on ne croie pas qu'il y ait de nos actes qui soient indifférents. Quand un homme dit: « Je ne nuis qu'à moi-même » cet homme est un ignorant ; il ne connaît pas l'action de l'hérédité, de la contagion, de l'exemple, de l'opinion, la solidarité économique et intellectuelle. Il n'y a peut-être pas un de nos actes, un de nos gestes, bien plus, pas un de nos sentiments, il n'y a pas une de nos secrètes pensées qui soit indifférente, c'est-à-dire sans effets sur les autres. De là toutes ces responsabilités à l'égard d'autrui qui remontent vers nous pour ainsi dire, s'attachent à toutes nos démarches et leur donnent du sérieux. Et d'elles résulte notre premier devoir général envers la société: ne pas exploiter la collaboration sociale, mais rendre des services autant que possible équivalents à ceux que nous recevons.

Le devoir s'impose aux sociétés particulières comme aux individus. — Ajoutons que les associations particulières, dont les membres collaborent pour mieux réaliser leurs fins, ont une tendance naturelle à se comporter comme les individus et peuvent nuire injustement à ceux qui sont en dehors d'elles. Une entreprise financière peut menacer les intérêts de ceux qui n'y prennent point part, si même elle n'est pas concertée dans ce dessein blâmable.

Les membres d'une famille peuvent se soutenir les uns les autres, collaborer par conséquent, mais aux dépens des intérêts généraux du pays. Il arrive que ceux qui composent une classe de la société se serrent en un groupement étroit, s'étagent, comme les guerriers antiques à l'assaut d'un mur, pour reprendre, par exemple, ou conserver le pouvoir poli-

3.

tique et exploiter les autres classes. Et parfois aussi une nation exploite d'autres nations.

Mais le devoir est universel et doit s'appliquer à tous : les associations particulières, pas plus que les individus, ne doivent exploiter à leur profit les rapports de solidarité.

B. **L'individu doit collaborer aux fins sociales par bonne volonté et non par intérêt individuel.** — L'intérêt de l'individu n'est pourtant pas toujours contraire à l'intérêt social. Il se trouve même le plus souvent d'accord avec l'intérêt général. Il peut donc arriver, et il arrive fréquemment, que l'individu collabore de façon utile, mais par intérêt pour ses fins individuelles. Ce haut fonctionnaire travaille avec zèle, mais c'est par ambition d'avancer ; ce médecin se tient laborieusement au courant de son art, c'est pour augmenter sa clientèle ; ce cultivateur améliore sa terre, c'est pour s'enrichir ; cet homme soutient fermement dans ses jugements les maximes honnêtes, c'est pour accroître son crédit.

Dans tous ces cas, les *actes* de l'individu concourent aux fins sociales, mais non les volontés qui ne tendent qu'à des fins particulières. Les volontés restent séparées, l'individu ne s'intéresse en dernière analyse qu'à lui-même, non point à ce qui intéresse son semblable. La collaboration n'est qu'une *ligue d'intérêts individuels*. Et certes il est utile que l'intérêt pousse l'individu à collaborer. Cette heureuse coïncidence est le grand ressort de la société. Mais ce n'est point ainsi que l'on satisfait au devoir, c'est-à-dire à la raison.

Nous ne nous conformons à la vérité morale que si nous poursuivons, non par les actes seuls, mais par le cœur, les fins communes, qui sont utiles socialement. La collaboration de tous doit être recherchée pour elle-même. Ce n'est qu'alors que les volontés deviennent *unes*, puisque toutes tendent vers les mêmes fins, vers la santé commune et le bien-être commun, vers la science, vers la moralité communes, et se fondent ainsi en un seul et même vouloir.

Le fait de la solidarité est un fait d'une grande valeur morale, dont l'honnête homme doit se réjouir, puisqu'il offre aux bonnes volontés un moyen de s'unir et, par conséquent, de se réaliser.

§ 2. Obligations créées par l'instruction qu'on a reçue. — Des devoirs ne s'imposent dans nos rapports de solidarité avec nos semblables qu'autant que nous connaissons ces rapports. On ne saurait éviter un précipice qu'on ne voit pas. On ne doit compte des conséquences de ses actes qu'autant qu'on a pu les prévoir. Ainsi, notre responsabilité envers la société humaine croît avec la conscience que nous avons de la solidarité sociale.

L'ignorant. — L'ignorant, jeté dans un coin de la communauté humaine, ne saisit pas les rapports qui le rattachent à elle. Quand son manque d'hygiène et de propreté menace la santé publique, quand il brûle son corps d'alcool, croyant « ne nuire qu'à lui-même », est-il responsable de suites qu'il ne peut entrevoir? Les pauvres, sentant vaguement qu'une solidarité nous unit tous et que dans la société ils produisent plus qu'ils ne reçoivent; les pauvres, dont la révolte, suivant alors des impulsions aveugles et maladroites, menace l'existence même de la société ou la ploie sous leur dictature asservissante sont-ils donc responsables? Le riche ignorant qui gaspille des richesses en pure perte, sans voir en ces biens dissipés du travail collectif qu'il pourrait employer plus utilement pour l'ensemble, est-il encore responsable? L'égoïsme n'est souvent qu'un manque d'intelligence ou de savoir (1).

Responsabilité de ceux qui savent. — La responsabilité des devoirs sociaux incombe donc surtout à ceux qui *savent plus*. Le médecin, le magistrat, l'avocat, l'instituteur, le journaliste ont d'abord des obligations professionnelles à remplir avec dignité. Mais l'instruction supérieure qu'ils ont reçue a étendu leur esprit; elle les a rendus plus aptes à comprendre l'action si complexe des hommes les uns sur les autres. Elle leur impose un grand devoir, le devoir d'être, dans la communauté, les conseillers et les guides des autres hommes. Deux ignorants se haïssent, cherchent des occasions de s'atteindre, essaient de se ruiner par des procès ; il appartient à l'homme instruit d'éveiller en eux la raison qui leur fera reconnaître ce qui est juste pour les deux, en quoi ils peuvent s'accorder et cesser de se nuire. A lui de dire aux partis politiques, qui ont plus d'ardeur que de science : « Ici, vos arguments sont justes ; là, vous errez. » A lui de faire aimer le progrès,

---

(1) Voici un petit fait instructif. Il y a quelque temps, le ministre de la guerre supprimait, par mesure d'économie, le port des gants dans la troupe. De là revendication des ouvriers et des patrons, ruinés par cette mesure, et qui demandent qu'on la rapporte. Cependant, ces gants jugés inutiles coûtaient à la nation plusieurs millions de francs chaque année (c'est-à-dire, au fond, les produits qu'on peut se procurer avec ces millions). Pour ne léser ni eux-mêmes ni la collectivité, les fabricants auraient donc dû demander plutôt qu'on fondât, pour les employer, quelque industrie plus utile socialement que celle des gants. C'eût été mieux comprendre les devoirs qui s'imposaient à eux dans leurs rapports avec la collectivité.

qui est le bonheur pour un plus grand nombre. Connaître la vérité impose le devoir de la répandre. L'homme instruit, qui par intérêt personnel flatte l'égoïsme des ignorants, commet une double lâcheté.

La patience. — Les hommes se rendent à la raison, comme des oiseaux invinciblement attirés vers un miroir. Seulement il n'est point aisé de découvrir sa clarté. C'est à ceux qui ont pu l'entrevoir d'y appeler les autres esprits. Si la vérité brille au sommet qu'ils ont gravi, ils verront les autres y venir.

Si pourtant on méconnaît ce qu'ils croient juste, s'ils trouvent la communauté livrée aux passions aveugles, ils ne manqueront point pour cela à leur mission. Mais ils diront avec le sage antique : « Les « ignorants tuent, massacrent, maudissent. Qu'y « a-t-il là qui empêche ton âme de rester sage, mo- « dérée, juste ? C'est comme si un passant blasphé- « mait contre une source limpide et douce : elle ne « cesserait point pour cela de faire jaillir un breuvage « salutaire. »

(MARC AURÈLE).

Questionnaire :

1. Quelles sont les attitudes possibles de l'individu à l'égard de la société ? — 2. Montrer comment les rapports de solidarité peuvent être injustes et oppressifs. Comment même la solidarité, qui unit un individu à ses semblables, peut être un malheur pour lui. — 3. Qu'est-ce que les fins collectives de la société ? — 4. Qu'est-ce qu'une « ligue d'égoïsmes ? » — Dans quels sentiments les hommes doivent-ils collaborer ?

CHAPITRE VIII

Les Droits de l'Homme.

Puisque nous sommes une société d'êtres raisonnables. l'idée du droit doit dominer nos rapports de solidarité. Mais avant de suivre les applications de cette idée aux détails de la vie sociale, considérons-la en elle-même et voyons comment elle se développe dans l'esprit des hommes.

§ 1. **Le droit**. — L'individu, nous l'avons vu, est animé d'une vie organique et spirituelle; en elle plongent les racines d'une multitude de besoins et de désirs, plus ou moins nécessaires, qu'il veut satisfaire. Le *pouvoir* de le faire, d'obtenir des aliments, des vêtements, le repos dont il a besoin, l'instruction qu'il désire, la faculté d'aller et de venir à son gré, c'est proprement sa *liberté :* il l'aime comme sa vie, puisqu'elle n'est que la possibilité de vivre.

Les forces aveugles de la nature limitent sa liberté. Il ne saurait empêcher la grêle ni le vent qui meurtrissent sa récolte, la maladie ni la mort. Mais sa liberté trouve aussi un obstacle dans les autres hommes qui peuvent l'amoindrir et la supprimer. Ce n'est pas le vent ni la grêle qui, dans l'histoire, ont fait le plus de mal à la liberté de l'individu, mais bien l'injustice de ses semblables.

La liberté de l'homme peut être opprimée par les autres hommes, mais elle ne *devrait* pas l'être, et c'est là l'idée du droit. Cette liberté, il est vrai, n'est plus respectable si elle se fait elle-même oppressive des autres libertés. Nous dirons donc que l'idée du droit, c'est l'idée que *la liberté de tout homme doit être non seulement respectée, mais aidée, soutenue, développée, dans la mesure où elle s'accorde avec une égale liberté de ses semblables.*

Cette idée du droit n'est, on le voit, qu'une expression particulière du principe du devoir, de cette vérité s'imposant à tous ceux qui veulent s'entendre en êtres raisonnables, que la vie et la satisfaction des besoins a autant de valeur en autrui qu'en chacun d'eux.

La force singulière de l'idée du droit. — C'est bien parce que tout être qui pense la rattache à la vérité commune, que l'idée du droit a une puissance d'une nature toute particulière. Les opprimés ne se révoltent pas seulement parce qu'ils souffrent, mais parce qu'ils croient leur souffrance contraire au droit et qu'ils pensent que tout le monde doit reconnaître qu'ils ont raison. La longue patience, l'inertie avec laquelle ils supportent l'oppression, tant qu'ils n'ont point songé à l'injustice, n'a d'égale que la violence qui les redresse dès que ce soupçon lancinant a traversé leur esprit. Le besoin de pain ne fait gronder l'émeute que lorsque naît l'idée d'une justice voulant que tous aient du pain. Le peuple de France avait souffert avant 1789 ; mais ses revendications ne s'armèrent qu'avec l'idée, répandue par les philosophes, que ces souffrances offensaient les droits naturels de l'homme. Aussi les oppresseurs perspicaces ont toujours fait effort pour empêcher les opprimés de penser (1). La liberté, qui est fille de lumière, ne se laisse asservir que dans les ténèbres.

Mais l'idée du droit qui fortifie les opprimés épuise du même coup les oppresseurs ; car c'est une grande faiblesse de savoir qu'on a tort. On a toujours remarqué avec étonnement la mauvaise défense des castes privilégiées au début de la Révolution : oublie-t-on qu'il est bien difficile de se défendre quand on n'a pas l'appui de sa propre raison?

Ainsi, la puissance du droit est toute spirituelle et intérieure : elle vient de l'autorité qu'a naturellement sur l'homme ce qu'il conçoit comme étant la vérité.

§ 2. **Comment se développe l'idée du droit.** — L'idée du droit a une grande force dès qu'elle apparaît dans les esprits. Mais on peut s'étonner du temps qu'elle a mis à se développer. C'est là un fait qui mérite de nous arrêter un instant. Nous pouvons en tirer une leçon pour nous-même : si les hommes sont si lents à concevoir ce qui est juste, ne devons-nous pas toujours craindre que nos propres idées sur ce sujet ne soient imparfaites ?

L'humanité a approuvé l'esclavage. — L'esclavage a été une des institutions les plus générales de l'humanité (2). Or elle est le type même de l'injus-

---

(1) Dans les états esclavagistes d'Amérique, la loi punissait d'une forte amende et de 50 coups de fouet tout maître qui apprenait à lire à ses esclaves. Pourquoi? Pour empêcher les esclaves de penser.

(2) Il n'est peut-être pas pourtant une institution primitive. A l'origine, au dire de certains historiens, les hommes groupés en bandes sauvages massacraient leurs ennemis vaincus. Ils ne faisaient pas d'esclaves. Pourquoi? parce qu'ils n'en avaient pas besoin. Vivant de chasse, de pêche, de cueillette, l'homme se suffisait à lui-même sans la collaboration de ses semblables ·

tice dans la solidarité. Qu'est-ce en effet que l'esclavage? C'est l'état d'une personne qui n'a aucun droit. « Le maître, dit un historien au sujet de l'es-
« clavage dans l'antiquité, a tous les droits sur son
« esclave : il l'envoie où il lui plaît, le fait travailler
« comme il l'entend, même au-dessus de ses forces,
« le nourrit mal, le bat, le torture, le met à mort
« sans que personne lui en demande compte. L'es-
« clave doit se soumettre à tous les caprices du
« maître. Les Romains disent même qu'il n'a pas de
« conscience; son seul devoir est d'obéir aveuglé-
« ment. S'il résiste, s'il s'enfuit, l'Etat prête secours
« au maître pour le dompter et le rattraper ; et
« l'homme qui donne asile à un esclave fugitif se
« rend coupable de vol, comme s'il avait pris le
« bœuf ou le cheval d'autrui (1). »

L'esclave n'a aucun droit : son maître le laisse vivre, le nourrit. mais seulement parce que cette vie est un instrument. Dans l'antiquité comme dans la moderne Amérique, on a vu les maîtres épuiser leurs esclaves de fatigue et redoubler de mauvais traitements quand le prix des esclaves baissait sur le marché : de même nous négligeons de nettoyer ou de réparer des machines dès que nous avons plus d'avantage à en acheter de nouvelles qu'à entretenir celles-là.

Qu'est-ce à dire? L'institution de l'esclavage est la négation violente et cruelle de la vérité morale la

---

Puis la vie s'est compliquée ; de durs travaux sont devenus nécessaires; il a fallu labourer la terre. ramer sur des barques pesantes. Les hommes ont alors cherché à réduire leurs semblables en esclavage, c'est-à-dire à vivre en les exploitant.

(1) Seignobos, *Histoire de la civilisation.*

plus éclatante. Pourtant, non seulement l'opinion publique a longtemps approuvé cette institution, mais les philosophes, les hommes de pensée libre et généreuse comme Socrate, Platon, Aristote, les Pères de l'Église, ne l'ont pas condamnée et ne lui ont pas opposé la révolte de leur raison. Bien plus, les esclaves eux-mêmes jugeaient l'esclavage légitime ; ils auraient seulement voulu être eux-mêmes les maîtres et intervertir les rôles.

L'injustice est approuvée parce qu'elle apparaît comme une condition nécessaire de la société. — Pourquoi l'injustice est-elle pratiquée et même approuvée ? Comment les philosophes ont-ils pu l'accepter ? Aristote, dans un passage célèbre, s'exprime à peu près ainsi : « La propriété est nécessaire à la famille : sans les choses de première nécessité, les hommes ne sauraient vivre ni être heureux. Or la propriété, pour remplir son rôle, doit comprendre des instruments spéciaux, parmi lesquels les uns, comme le gouvernail d'un navire, sont inanimés, et les autres, comme le matelot, sont vivants. Si chaque outil pouvait, sur un ordre reçu ou même deviné, travailler de lui-même, si les navettes tissaient toutes seules, si l'archet jouait spontanément de la cithare, les maîtres pourraient se passer d'esclaves. »

Pesons cet argument. Il revient à ceci : l'esclavage est légitime parce qu'il est nécessaire, parce que la *société ne peut vivre* qu'autant que certains de ses membres exploitent les autres et les traitent comme de simples instruments.

Notre ancienne France était aussi fondée sur l'injustice : c'étaient des classes privilégiées, pourvues de droits que n'avaient pas les autres classes, et des serfs attachés à la terre, vendus avec elle, exploités avidement, dont la vie même comptait si peu, mesurée à la vie d'un noble ; et c'était dans la petite société familiale, l'aîné des enfants avec ses droits exorbitants aux dépens des filles et des puînés. Et tout cela semblait légitime parce que tout cela semblait *naturel*, c'est-à-dire nécessaire comme la nature. Ne voyait-on pas même dans cet arrangement un ordre éternel, voulu par Dieu ? Droits du roi, droits des nobles, droits des pères de familles, droits des fils aînés, n'ont-ils pas tous paru des *droits divins ?* Voilà donc l'explication que nous cherchions. La société commence par l'injustice, parce que c'est la force qui établit les premières relations entre les hommes, et cette injustice permanente et profonde est acceptée, approuvée par les hommes, parce qu'ils la jugent indispensable. La société leur paraît impossible autrement. C'est la coutume qui emprisonne les esprits et les empêche de voir ce qui devrait et pourrait être par delà ce qui est.

Comment les événements favorisent le développement de l'idée du droit. — Pour que les esprits se libèrent progressivement de cette servitude, il faut que peu à peu, par la force des choses, l'oppression qui pèse sur certaines classes de la société se relâche, perde de son poids et de sa solidité. Alors oppresseurs et opprimés commencent à comprendre que leurs relations pourraient être plus justes. L'idée naît ; certains esprits d'élite s'en emparent, la poussent en pleine lumière ; et dès lors elle a la victoire.

C'est ainsi qu'en notre France, les historiens nous

le montrent, la justice s'est glissée peu à peu, et comme de force, dans les relations entre les hommes, et les a redressées : influence du clergé qui ouvrait ses rangs au roturier comme au noble, guerres incessantes qui affaiblissaient les rois et les grands, abaissement des nobles par les rois, découverte de l'imprimerie qui répand la lumière, de la poudre à canon qui détruit les vieilles forteresses, repaires des privilégiés, enrichissement de la bourgeoisie, tous ces événements ont concouru et poussé à une plus grande égalité des droits.

L'égalité des droits proclamée par la Révolution. — C'est donc au terme de longues étapes que nos pères, commençant la Révolution de 1789, ont pensé, proclamé et annoncé au monde cette vérité si évidente dès qu'on se tourne vers elle : l'égalité de droits entre tous les hommes doit régner dans la société.

« Les hommes naissent et demeurent libres et égaux en droits », dit l'article premier de la *Déclaration des droits de l'homme*. En d'autres termes, la personne et la volonté d'un quelconque de nos semblables, à quelque nation, à quelque famille qu'il appartienne, et de quelques parents qu'il soit né, doit avoir autant de valeur pour nous que notre propre personne et notre propre volonté.

« Le but de toute association politique est la conservation des droits naturels et imprescriptibles de l'homme », dit l'article 2. C'est-à-dire que les droits *naturels*, par où il faut entendre ceux que la raison conçoit comme attachés à la qualité d'homme, doivent être garantis par des lois; et le but de l'Etat est de les garantir. Qu'on ne dise plus que l'injustice est légitime comme nécessaire à la société. Celle-ci doit reposer sur la justice garantie à tous ses membres.

§ **3. Les divers droits de l'individu**. — Nous devons rechercher les applications de cette idée. Mais de l'étude qui précède, gardons cette pensée présente à l'esprit : puisque la connaissance de ce qui est juste se développe si lentement, prenons garde d'être nous-mêmes aveugles et de mal distinguer ce qui devrait être à la place de ce qui est.

D'où vient la diversité des droits. — Ce serait d'abord une erreur de croire que l'homme vient au monde armé de certains droits dont on peut dresser une liste achevée, définitive, la même pour tous les temps. Dans la société, chacun doit considérer la volonté de son semblable comme ayant autant de valeur que la sienne propre. Mais de ce principe il suit que les individus ont autant de droits que de rapports qui les solidarisent, que d'occasions de s'exploiter ou de se servir. Les divers droits dérivent donc de la diversité des relations sociales. Ils deviennent plus nombreux à mesure que la civilisation plus raffinée complique les rapports.

Supposons, par exemple, les hommes encore sauvages et ignorants, chacun suffisant à ses propres besoins par son travail et trouvant toujours de la terre libre pour chasser ou faire pousser des récoltes. Il suffirait peut-être à ces hommes pour être parfaitement justes de ne point se massacrer, de ne pas intervenir par la violence dans la vie les uns des autres. Mais voici que la science et la culture intellectuelles sont nées de la collaboration de tous. L'individu ne peut par lui-même découvrir cette science et se donner cette culture. Le laisser dans l'ignorance est donc une injustice à l'égard de sa vie intellectuelle, injustice qui ne pouvait exister autrefois. Voici encore que la division du travail est née pour la production de la richesse. Il y a donc échange, et si dans cet échange les uns reçoivent plus que ce qu'ils devraient recevoir, les autres moins, il y a une injustice qui n'existait pas au temps où il n'y avait pas d'échange. Comme nous l'avons vu au chapitre précédent, dès que s'établissent de nouveaux rapports de solidarité, ce sont de nouveaux droits qui apparaissent.

L'idée du droit a donc des applications d'une complexité presque infinie. Et puisqu'il serait impossible d'en épuiser l'étude, considérons d'abord les droits relatifs à la richesse et à la faculté de penser librement.

Questionnaire :

1. Définir exactement les mots de liberté et de droit. — 2. Quelles sont les limites qui s'imposent à la liberté de l'individu ? Est-ce qu'on viole les droits d'un criminel en diminuant sa liberté? — 3. En quel sens l'idée du droit est-elle une grande force? — 4. Définir exactement l'esclavage. — 5. Montrer pourquoi tant d'injustices sociales ont paru *naturelles* et expliquer ce mot de naturelles. — 6. Que faut-il pour que les opprimés commencent à prendre conscience de leurs droits? — 7. Quelle est l'idée principale énoncée dans la proclamation des Droits de l'Homme? — 8. Pourquoi ne peut-on pas dresser une liste définitive des Droits de l'Homme ?

Lectures.

La traite des nègres.

Si j'avais à soutenir le droit que nous avons eu de rendre les nègres esclaves, voici ce que je dirais :

Les peuples d'Europe ayant exterminé ceux de l'Améri-

que, ils ont dû mettre en esclavage ceux de l'Afrique pour
s'en servir à défricher tant de terres.

Le sucre serait trop cher si l'on ne faisait travailler la
plante qui le produit par des esclaves.

Ceux dont il s'agit sont noirs depuis les pieds jusqu'à la
tête, et ils ont le nez si écrasé qu'il est presque impossible
de les plaindre.

On ne peut se mettre dans l'esprit que Dieu, qui est un
être très sage, ait mis une âme, surtout une âme bonne,
dans un corps tout noir...

On peut juger de la couleur de la peau par celle des
cheveux qui, chez les Egyptiens, les meilleurs philosophes
du monde, était d'une si grande conséquence qu'ils faisaient
mourir tous les hommes roux qui leur tombaient entre les
mains.

Une preuve que les nègres n'ont pas le sens commun,
c'est qu'ils font plus de cas d'un collier de verre que de l'or,
qui, chez des nations policées, est d'une si grande conséquence.

Il est impossible que nous supposions que ces gens-là soient
des hommes, parce que, si nous les supposions des hommes,
on commencerait à croire que nous ne sommes pas nous-
mêmes des chrétiens.

De petits esprits exagèrent trop l'injustice que l'on fait
aux Africains : car, si elle était telle qu'ils le disent, ne
serait-il pas venu dans la tête des princes de l'Europe, qui
font entre eux tant de conventions inutiles, d'en faire une
générale en faveur de la miséricorde et de la pitié?

(Montesquieu, *Esprit des Lois*, XV, 5.)

La marche de la France vers l'égalité des droits.

Une grande révolution démocratique (1) s'opère parmi
nous ; tous la voient, mais tous ne la jugent point de la
même manière. Les uns la considèrent comme une chose
nouvelle, et, la prenant pour un accident, ils espèrent pouvoir encore l'arrêter ; tandis que d'autres la jugent irrésistible, parce qu'elle leur semble le fait le plus continu, le

---

(1) Une révolution tendant à établir des droits égaux pour tous.

plus ancien et le plus permanent que l'on connaisse dans l'histoire.

Je me reporte pour un moment à ce qu'était la France il y a sept cents ans ; je la trouve partagée entre un petit nombre de familles qui possèdent la terre et gouvernent les habitants ; le droit de commander descend alors de générations en générations avec les héritages ; les hommes n'ont qu'un seul moyen d'agir les uns sur les autres, la force ; on ne découvre qu'une seule origine de la puissance, la propriété foncière (1). Mais voici le pouvoir politique du clergé qui vient à se fonder et bientôt à s'étendre. Le clergé ouvre ses rangs à tous, au pauvre et au riche, au roturier et au seigneur ; l'égalité commence à pénétrer par l'Eglise au sein du gouvernement, et celui qui eût végété comme serf dans un éternel esclavage, se place comme prêtre au milieu des nobles, et va souvent s'asseoir au-dessus des rois.

La société devenant avec le temps plus civilisée et plus stable, les différents rapports entre les hommes deviennent plus compliqués et plus nombreux. Le besoin des lois civiles se fait vivement sentir. Alors naissent les légistes ; ils sortent de l'enceinte obscure des tribunaux et du réduit poudreux des greffes, et ils vont siéger dans la cour du prince, à côté des barons féodaux couverts d'hermine et de fer.

Les rois se ruinent dans les entreprises ; les nobles s'épuisent dans les guerres privées ; les roturiers s'enrichissent dans le commerce. L'influence de l'argent commence à se faire sentir sur les affaires de l'Etat. Le négoce est une source nouvelle qui s'ouvre à la puissance, et les financiers deviennent un pouvoir politique qu'on méprise et qu'on flatte.

Peu à peu les lumières se répandent ; on voit se réveiller le goût de la littérature et des arts ; l'esprit devient alors un élément de succès ; la science est un moyen de gouvernement, l'intelligence une force sociale ; les lettres arrivent aux affaires.

---

(1) C'est-à-dire que ceux qui possèdent la terre sont les maîtres de ceux qui n'en possèdent pas.

A mesure cependant qu'il se découvre des routes nouvelles pour parvenir au pouvoir, on voit baisser la valeur de
la naissance. Au xie siècle, la noblesse était d'un prix ines-
timable; on l'achète au xiiie; le premier anoblissement a
lieu en 1270, et l'égalité s'introduit enfin dans le gouvernement par l'aristocratie elle-même (1)...

Lorsqu'on parcourt les pages de notre histoire, on ne
rencontre pour ainsi dire pas de grands événements qui,
depuis sept cents ans, n'aient tourné au profit de l'égalité.

Les croisades et les guerres des Anglais déciment les
nobles et divisent leurs terres; l'institution des communes
introduit la liberté démocratique au sein de la monarchie
féodale; la découverte des armes à feu égalise le vilain et
le noble sur le champ de bataille; l'imprimerie offre
d'égales ressources à leur intelligence; la poste vient dépo-
ser la lumière sur le seuil de la cabane du pauvre comme à
la porte des palais; le protestantisme soutient que tous les
hommes sont également en état de trouver le chemin du
ciel. L'Amérique, qui se découvre, présente à la fortune
mille routes nouvelles et livre à l'obscur aventurier les
richesses et le pouvoir.

Si, à partir du xie siècle, vous examinez ce qui se passe
en France de cinquante en cinquante années, au bout de
chacune de ces périodes, vous ne manquerez point d'apercevoir qu'une double révolution s'est opérée dans l'état de
la société Le noble aura baissé dans l'échelle sociale, le
roturier s'y sera élevé; l'un descend, l'autre monte. Chaque
demi-siècle les rapproche, et bientôt ils vont se toucher.

Et ceci n'est pas seulement particulier à la France. De
quelque côté que nous jetions nos regards, nous apercevons
la même révolution qui se continue dans tout l'univers
chrétien.

Partout on a vu les divers incidents de la vie des peuples
tourner au profit de la démocratie; tous les hommes l'ont
aidée de leurs efforts: ceux qui avaient en vue de concourir
à ses succès et ceux qui ne songeaient point à la servir,
ceux qui ont combattu pour elle, et ceux mêmes qui se

---

(1) Il faut entendre, non que les privilèges sont abolis, mais que les hommes
non privilégiés arrivent à s'introduire dans les classes privilégiées.

sont déclarés ses ennemis ; tous ont été poussés pêle-mêle dans la même voie, et tous ont travaillé en commun, les uns malgré eux, les autres à leur insu, aveugles instruments dans la main de Dieu.

Le développement graduel de l'égalité des conditions est donc un fait providentiel (1) ; il en a les principaux carac-'ères: il est universel, il est durable, il échappe chaque jour à la puissance humaine ; tous les événements, comme tous les hommes, servent à son développement.

Serait-il sage de croire qu'un mouvement social qui vient de si loin pourra être suspendu par les efforts d'une génération ? Pense-t-on qu'après avoir détruit la féodalité et vaincu les rois, la démocratie reculera devant les bourgeois et les riches ? S'arrêtera-t-elle maintenant qu'elle est devenue si forte et ses adversaires si faibles?

Où allons-nous donc ? Nul ne saurait le dire, car déjà les termes de comparaison nous manquent : les conditions sont plus égales de nos jours, parmi les chrétiens, qu'elles ne l'ont jamais été dans aucun temps ni dans aucun pays du monde : ainsi la grandeur de ce qui est déjà fait empêche de prévoir ce qui peut se faire encore.

(TOCQUEVILLE, *De la démocratie en Amérique.*)

---

(1) C'est-à-dire que ce fait s'établit fatalement, sans que les hommes puissent lui résister, comme s'il était produit par une volonté toute-puissante.

CHAPITRE IX

Droits relatifs aux richesses.

Rappelons brièvement, pour plus de clarté, quelques-uns des résultats de notre étude sur la solidarité économique. Nous avons observé d'abord que la production des richesses devient de plus en plus une œuvre collective, parce que les hommes se partagent les travaux nécessaires pour les produire. A ce fait se rattachent la création plus considérable de jour en jour d'instruments de production, machines, bâtiments d'exploitation, moyens de transport, et aussi le développement de l'échange : chaque personne et même chaque région ne pouvant créer tout ce qui lui est nécessaire, doit se le procurer par l'échange.

Mais nous avons ensuite calculé que si, dans les richesses forcément limitées, l'un prend davantage et peut satisfaire plus de besoins, l'autre a une moindre quantité et satisfait moins de besoins. Or, ceci nous amène à la question importante au point de vue du droit : celle de la répartition des richesses entre les individus.

§ 1. Qu'est-ce que la propriété ? Son importance pour l'individu. — Dans toute société un peu organisée, la répartition des richesses prend la forme de la propriété. Dire que les produits d'une

mine se répartissent entre des individus, c'est dire
que ceux-ci deviennent propriétaires de la houille ou
du fer qu'on en extrait. Mais que signifie cette expression de droits de propriété? Entendons par là
non seulement que l'individu a le pouvoir d'user et
de disposer de certaines richesses, mais encore que
ce pouvoir lui est garanti par la société, de telle
sorte qu'il peut forcer son semblable à le respecter.
La propriété est donc un ensemble de droits *positifs*
(c'est-à-dire assurés par la société) permettant
d'user et de disposer d'une chose dans de certaines
limites.

Importance de la propriété pour l'individu. — Il
est d'une importance essentielle pour l'individu
d'obtenir des droits de propriété. A peine est-il besoin de le montrer. A cette seule condition en effet
lui est assuré avec sécurité l'usage de certaines richesses, d'objets matériels nécessaires à la satisfaction de ses besoins et de ses désirs. On ne pourrait
manger en paix le pain dont on ne serait pas propriétaire. La propriété est si bien une des conditions fondamentales de notre vie qu'elle est la garantie la plus indispensable de notre indépendance
à l'égard d'autrui. Si vous pouvez user de violence
envers lui, le frapper impunément, vous pouvez
l'asservir, c'est-à-dire le forcer à vous servir; mais
il est tout aussi asservi si vous disposez des richesses dont il a besoin ou des instruments qui lui sont
utiles. Qu'importe qu'à la différence des esclaves il
puisse invoquer les lois pour se protéger contre la
violence, qu'importe même qu'il puisse voter, si
vous êtes maître des richesses qui lui sont indispensables, vous êtes maître de sa vie.

Gravité morale du vol, sous toutes ses formes. —
L'importance des droits de propriété donne une
gravité particulière au fait d'y porter atteinte par le
vol, c'est-à-dire de s'approprier indûment ce que la
loi attribue à un autre. Le vol se présente sous
mille formes. Dans les sociétés policées, le vol par
violence, le vol des brigands de grand chemin, des
écumeurs de mer ou des cambrioleurs devient plus
difficile et plus rare ; mais il est remplacé par des
formes autrement dangereuses, la fraude et la ruse.
Le comptes rendus des tribunaux nous montrent
chaque semaine avec quelles ressources géniales
de modernes pirates savent capter la confiance des
gens naïfs et s'approprier leur argent.

C'est à tort que l'on croit moins grave d'attenter
aux biens d'autrui que d'attenter à sa vie. Il y a là une
illusion. Prendre à quelqu'un ses richesses, c'est
atteindre son existence, puisque c'est atteindre les
désirs et parfois les besoins nécessaires que ces richesses satisfont. L'escroc habile qui, en s'appro-
priant les économies des petites gens, les jette dans
une vie de misère, d'insécurité et de privations, dif
fère-t-il sensiblement d'un homme qui frappe ou qui
assassine ?

Et toutes les formes du vol sont des aspects de ce
meurtre moral : c'est voler que de faire des dettes
à la légère, sans avoir la certitude de rendre ; c'est
voler que de tromper sur la qualité et sur la quantité de la marchandise que l'on livre ; c'est voler
que de ne pas rendre un objet trouvé ; c'est voler,
c'est-à-dire frapper autrui dans sa vie.

§ 2. Transformation des droits de pro-

priété au cours de l'histoire. — Mais ces importants droits de propriété, que la société permet à l'individu d'acquérir sur les choses, n'ont pas toujours été les mêmes : ils se sont transformés au cours des siècles, ils ne sont pas semblables partout. Il est bon que chacun le sache, pour comprendre que les institutions de son pays ne sont point des institutions nécessaires, incapables d'être différentes. Un regard jeté sur l'histoire de ces droits nous le montrera :

Les objets directement utilisables. comme les aliments, les vêtements, les armes, les habitations qui ne peuvent servir qu'à un seul individu ou à une seule famille, ont toujours été susceptibles d'un droit complet, *absolu*, de propriété : l'individu peut en disposer à son gré, les utiliser ou les donner, empêcher du moins ses semblables de les employer.

Mais il n'en a pas toujours été de même pour les objets qui ne sont que des instruments de travail. La terre, qui est encore le grand instrument de production des choses qui nous sont utiles, a été au début presque l'unique instrument. Or les sociétés primitives reconnaissaient à l'individu le droit d'user de la terre pour faire paître ses troupeaux ou pour la cultiver; mais il ne pouvait en exclure ses semblables, la vendre ou la donner, en disposer complètement : elle était à tous. Peu à peu les droits sur la terre se sont transformés. Des privilégiés se la partagèrent et la firent cultiver par des esclaves ou des serfs. Puis chacun put prétendre à sa possession et, actuellement, dans tous les pays civilisés, presque toute la terre est répartie entre des personnes qui ont sur leur portion particulière des droits complets de propriété.

Les autres instruments de production ont le même

sort : les machines, les bâtiments d'exploitation, les moyens de transport appartiennent à des individus ou à des groupes d'individus qui peuvent en disposer à leur gré. *Presque* tous ces instruments sont détenus par des personnes qui ont sur eux des droits de propriété *presque* absolus (1).

Mais voici une conséquence importante de ces faits. Les uns possèdent des instruments de production, les autres n'en possèdent point. Et ceci n'est point indifférent. Les premiers, à qui appartiennent des champs, ont besoin des seconds pour les cultiver ; les seconds, qui n'ont que leurs bras, ont besoin des premiers ; ils ne peuvent produire un travail utile, faire pousser des céréales ou des betteraves si les premiers ne leur prêtent pas l'usage de la terre et des machines agricoles qu'ils détiennent. Il y a donc là une nouvelle solidarité dont nous n'avons pas parlé parce qu'elle résulte de l'institution actuelle de la propriété. Or, nous savons que toute solidarité est utile, mais aussi crée des risques d'injustice. Nous allons voir quels graves inconvénients peuvent résulter d'une mauvaise entente de celle-ci.

§ 3. La justice dans la répartition des richesses. — Les droits de propriété actuellement institués font naître la question suivante, qui emprunte son importance à la valeur même de ces droits : La richesse est-elle toujours justement répartie? Les hommes ont-ils toujours le bien qu'ils

---

(1) Si nous employons deux fois le mot presque, c'est qu'il y a, en effet : 1° certaines richesses qui appartiennent à tout le monde : routes, télégraphes, jardins publics, musées, etc.; 2° certaines restrictions aux droits sur les choses mêmes que l'individu possède en propre : ainsi, un père de famille ne peut pas disposer librement de ses biens par testament, il ne peut complètement déshériter ses fils.

devraient avoir au nom de la raison? N'y a-t-il pas dans notre société des souffrances imméritées?

La question sociale. — Cette question est si grave qu'on l'appelle généralement la *question sociale*, comme si elle était l'unique question qu'eût à trancher la société. Elle a été, dès les temps les plus lointains, le ressort caché de presque toutes les révolutions *politiques :* les hommes qui ont cherché à s'emparer du pouvoir politique ou à le changer ont obéi le plus souvent au désir de modifier la distribution de la richesse. Les masses populaires qui ont fait la Révolution de 1848 et établi la République tentaient par ce moyen de faire créer de nouveaux droits pour s'assurer plus de bien-être. Et la réponse à cette question inquiète toujours l'humanité et l'inquiétera peut-être éternellement, tant le problème est difficile à résoudre en théorie et en pratique, tant il est malaisé de savoir ce qui serait bon et juste, et, si on le savait, de faire régner la justice et la bonté.

Nous ne pouvons étudier à fond cette question. C'est durant toute sa vie que le bon citoyen doit s'en préoccuper et s'instruire de ses solutions possibles. Seulement, pour nous préparer à ce devoir, jetons les yeux sur la société et dégageons certains traits du spectacle qu'elle nous offre.

L'inégalité telle qu'elle existe. — Ce qui frappe d'abord les regards, c'est l'extrême inégalité des fortunes. Certains hommes, parfois en travaillant beaucoup, parfois avec un travail court et peu pénible, parfois même sans aucun travail, peuvent satisfaire non seulement leurs besoins, mais leurs désirs les plus superficiels.

D'autres sont *pauvres;* et nous entendons par pauvreté l'état de ceux qui, avec tout le labeur qu'ils peuvent donner, satisfont difficilement et d'une façon précaire les seuls besoins les plus nécessaires. Et il est juste que nous imaginions fortement cet état, où nous voyons des milliers de nos semblables. La satisfaction des besoins nécessaires ne donne pas la joie de la vie. La joie naît surtout de ce qui n'est pas indispensable, de la variété des aliments, du confort de l'habitation, plus encore des loisirs, des distractions, de la culture de l'esprit, de la contemplation des belles choses. Quand nous voyageons et que nos yeux s'emplissent de paysages pittoresques ou sublimes, pensons que cette terre est sans beauté, qu'elle n'est qu'une dure prison pour le paysan pauvre, qui lui arrache péniblement de quoi ne pas mourir de faim. Pensons aussi que l'indigence traîne après elle un cortège de maladies et de souffrances physiques. Il est juste de savoir avec une précision mathématique qu'en Angleterre, la durée de la vie moyenne est, dans les classes riches, de 55 à 56 ans, et qu'elle s'abaisse à 28 ans dans les classes pauvres; qu'à Paris, la mortalité annuelle, tombée à 10 pour 1.000 dans le quartier riche des Champs-Élysées, s'élève à 43 pour 1.000 dans le quartier pauvre de Montparnasse.

L'inégalité est-elle toujours juste? — Cette inégalité est-elle toujours méritée? Nous venons de voir que ceux qui ont le moins sont souvent ceux qui travaillent le plus et aux besognes les plus pénibles. Ont-ils donc manqué d'économie, d'aptitudes ou d'intelligence? ou même (ce qui déjà serait moins juste) est-ce que leurs pères n'ont pas travaillé?

Dépend-il de chacun de s'élever dans l'échelle des fortunes, et s'il reste en bas, est-ce toujours de sa faute?

Explication de l'inégalité. — Certes, l'inégalité a parfois pour cause un défaut de travail, de capacités ou de prévoyance; mais le plus souvent elle frappe injustement l'individu, et cela pour des raisons que nous ne pouvons indiquer que d'une manière bien incomplète.

Nous avons vu que l'échange est un fait très général. Chacun troque ce qu'il a contre autre chose qu'il désire. Or, certains, favorisés par les circonstances, reçoivent dans l'échange des objets coûtant plus aux autres que ce qu'ils donnent ne coûte à eux-mêmes. L'échange est à leur profit et au détriment des autres. Quelques exemples peuvent éclairer ce fait.

Un homme, moyennant un certain travail, a acquis une terre dont il vend les produits, fourrages et céréales. La population vient à s'accroître autour de lui; une ville se bâtit près de son domaine. Il trouve ainsi à écouler plus aisément son foin et son blé : il les vend donc plus cher, sans cependant avoir plus de travail à fournir; ou encore il vend sa terre plus cher qu'il ne l'a achetée. Bref, il cède quelque chose qui lui coûte toujours le même labeur ou le même prix contre autre chose qui coûte plus aux autres.

Un commerçant achète dans le Midi du vin qui a peu de valeur parce qu'on en a peu besoin, et le revend dans le Nord, où il prend beaucoup de prix parce qu'on en manque. Sans doute cette entreprise lui demande du travail et il rend service en l'exécutant. Mais il ne gagne pas en raison du tra-

vail qu'il fournit, mais bien en raison d'une différence des besoins des gens du Nord et de ceux du
Midi, différence dont il n'a point le mérite.

Un homme ou un groupe d'hommes possède une
usine, une scierie par exemple. Ils vendent des
planches pour un prix d'autant plus élevé qu'on les
demande plus. Mais que leur ont coûté ces produits ?
Le prix des salaires payés aux ouvriers qui ont bâti
l'usine, construit les machines et débité avec elles
les arbres. Or, ces ouvriers, n'ayant pas de ressources et se faisant concurrence, ont peut-être accepté
malgré eux des salaires sans rapport avec la valeur
des planches qu'ils fabriquent. Ils cèdent donc le
produit de leur travail qui vaut plus contre des salaires qui valent moins.

Ainsi, certains hommes gagnent dans l'échange,
à cause du besoin où se trouvent ceux avec qui ils
échangent. Pour en garder une idée nette, restrei-
gnons cette observation générale à deux catégories
de personnes : celles qui détiennent des moyens de
production et celles qui n'ont à céder que leur travail. Sans doute, un travailleur pourra être bien
payé et augmenter ainsi sa fortune si on a grand
besoin de son labeur. Mais, d'ordinaire, les travailleurs sont nombreux à s'offrir ; ils ne peuvent attendre, car la misère les guette. Il pourra donc arriver
qu'ils perdent, en échangeant contre un salaire de
trois francs, un travail dont le produit vaudra le double. D'ordinaire, ceux qui n'ont rien sont les moins
favorisés dans l'échange de la seule chose qu'ils
puissent céder : leur travail.

§ 4. **Le chômage.** — Continuons à regarder les

côtés noirs de notre société. Nous nous trouvons en présence d'un fait qui prend de nos jours des proportions considérables : le chômage. Il arrive que des hommes ne trouvent pas à travailler pour gagner leur vie. Comment cela est-il possible? C'est que ceux qui possèdent les moyens de production ne peuvent pas employer dans leurs usines ou leurs chantiers tous ceux qui se présentent. Mais, dira-t-on, pourquoi les entrepreneurs, par exemple, ne bâtissent-ils pas plus de maisons pour employer les ouvriers en bâtiment sans ouvrage? La place et les pierres ne manquent pas, ni probablement la bonne volonté! mais ces maisons, s'élevant en trop grand nombre, ne pourraient plus se vendre ni se louer. Et quoique bien des gens aient besoin de maisons plus grandes et plus confortables que celles qu'ils occupent, les entrepreneurs ne peuvent leur en construire d'autres, parce qu'ils seraient incapables de les payer. Et ici nous touchons à la raison dernière du chômage. On ne peut employer tous les travailleurs qui se présentent, parce qu'on ne peut accroître la production, et on ne peut accroître la production parce que ceux qui auraient besoin des produits ne peuvent les acheter. Ceux qui n'ont que leurs bras pour vivre sont exposés au chômage, parce que leur travail n'est pas assez rémunérateur pour leur permettre d'acheter autant qu'ils produisent.

Rien pourtant de plus lamentable que ce fait : des hommes ont bonne volonté, ils ne demandent qu'à travailler et ils voient les portes se fermer ; ils ne peuvent s'employer, plus malheureux parfois que le sauvage qui trouve devant lui la nature sans possesseur et à qui la pêche, la chasse, la maraude ne sont pas interdites. Et ces contre-coups qui entraînent les travailleurs dans le chômage ont parfois une extension et une violence terribles. C'est ainsi que la hausse des charbons, lors des guerres du Transvaal et de la Chine, forçait les grandes industries à renchérir les produits, à abaisser leur production, et, par suite, à diminuer leur personnel. Des milliers d'ouvriers se sont vus, avec leur famille, obligés de chercher de l'ouvrage (1). C'est comme une vague destructive rejetant à l'abîme des milliers d'animalcules qui étaient parvenus à s'attacher au rivage. Le mal, d'ailleurs, ne se limite pas aux travailleurs manuels. Que d'hommes cultivés, ayant parfois passé par des examens difficiles et qui, munis de diplômes, n'arrivent point à trouver leur place dans l'engrenage !

Les sociétés primitives souffraient des famines; nos sociétés mieux outillées, infiniment plus riches, connaissent un mal presque aussi déplorable, le chômage. Elles ont les « sans travail », ces hommes qui sont rejetés par les circonstances en dehors de la société, de ce grand atelier où l'on produit et où l'on reçoit de la richesse.

Ce que nous avons dit, encore que bien superficiel, permet donc de reconnaître que l'inégalité n'est pas toujours juste et que la pauvreté, avec les souffrances qu'elle entraîne, n'est pas toujours méritée.

§ 5. **Ce qui serait juste.** — Que faire donc pour

---

(1) Il y a quelques années, une crise sur l'industrie sucrière amenait la fermeture d'une grande raffinerie, près de Paris, et jetait « sur le pavé » 3.000 ouvriers et employés; et cela au moment même ou la fin de l'Exposition venait d'accroître démesurément dans la capitale l'armée des sans travail.

emédier à cette injustice des choses, dans la mesure où nous le pouvons? Essayer avant tout de concevoir clairement ce qui serait plus juste que ce qui est. Nous avons vu que la richesse est produite par du travail, car la nature n'offre pas des objets tout préparés à satisfaire nos désirs.

Erreur de la formule : à chacun suivant ses besoins. — Il ne serait donc pas juste qu'un homme qui peut travailler obtînt. sans aucun travail, des richesses, pour l'unique raison qu'il en a besoin ; car il exploiterait le travail de ses semblables. De plus les besoins de tous ne sont pas les mêmes. L'homme cultivé a des besoins qu'ignorent les esprits incultes. Où trouverait-on dès lors une règle de répartition?

A chacun selon son travail. — Ce qui serait juste, semble-t-il, c'est que chacun possédât en proportion de son travail, ou plus précisément en proportion de la durée de ce travail et de son caractère plus ou moins pénible, et aussi de l'habileté et de l'ingéniosité qu'il y manifeste. Ainsi personne ne pourrait gagner en exploitant les besoins de ses semblables, personne ne pourrait satisfaire ses désirs en exploitant leur labeur.

L'inégalité juste et utile. — A cette condition l'inégalité serait juste, puisque chacun pourrait s'élever et s'élèverait en proportion de sa peine, de son habileté, de son économie. Et elle serait utile, car il est bon qu'il y ait de l'inégalité pour exciter l'activité.

Mais que la quantité de richesse, méritée par chacun en raison de son travail, soit difficile et souvent impossible à évaluer ; qu'il soit encore plus malaisé d'organiser les institutions de façon à ce que chacun reçoive *en gros* cette quantité, c'est ce qu'il est à peine besoin de dire. Nous n'avons pas non plus à étudier les réformes considérables déjà opérées par notre société pour s'approcher de cet idéal, ni celles très diverses que l'on propose. Comme nous l'avons dit, cette étude doit occuper la vie entière du citoyen.

Mais nous avons essayé de dégager ce que la raison exige en ce qui concerne les droits de l'individu relatifs aux richesses : *La propriété est, pour l'individu, la condition essentielle de sa vie et de son indépendance. Il serait donc juste que chacun eût des droits de propriété garantis par la société et sur une quantité de richesses aussi proportionnée que possible à son travail.*

Questionnaire :

A. **Propriété.** — Distinguer la **possession** d'un objet de la propriété de cet objet. — 2. Montrer que la propriété est une des conditions les plus importantes de notre liberté. Montrer qu'un homme, qui n'est propriétaire de rien, dépend de la bonne volonté de ses semblables pour les richesses dont il a besoin, et n'a guère plus de liberté que si l'on pouvait user de violence à son égard. — 3. Expliquer le fait que la propriété s'est étendue aux instruments de production. Expliquer la solidarité qui résulte de ce fait.

B. **Question sociale.** — 1. Qu'est-ce que la question sociale ? — 2. Montrer comment l'inégalité se produit dans l'échange. — 3. Pourquoi ceux qui n'ont que leur travail à céder se trouvent-ils dans des conditions d'échange défavorables? — 4. Qu'est-ce que le chômage ? — 5. Pourquoi le chômage se produit-il fatalement ? — 6. Que pensez-vous de cette formule : « A chacun selon ses besoins? » — 7. Serait-il juste qu'il n'y eût pas d'égalité ? — 8. A quelles conditions l'inégalité serait-elle juste ?

CHAPITRE X

Droit de penser. Tolérance.

Nous venons d'étudier les droits relatifs à la vie matérielle de l'homme ; nous arrivons aux droits concernant sa vie spirituelle, et propres à sa faculté de connaître la vérité. Et à ce titre ces droit sont peut-être une plus grande valeur morale ; ils sont peut-être plus essentiels à notre dignité d'être humain.

§ 1. Qu'est-ce que la liberté de penser ? — Penser, c'est se former des opinions, des croyances sur le vrai ou le faux. La pensée connaît ainsi plusieurs domaines : nous avons des croyances scientifiques, religieuses, morales, politiques.

La source intérieure de nos croyances. — Sans doute nous avons bien des opinions sans savoir **pourquoi** ; ou plus **exactement nous croyons à certaines** choses sans bien comprendre les raisons qui font la vérité de ces croyances. On les avait autour de nous ; nos maîtres, nos parents les professaient. Tel croit que l'alcool réchauffe parce qu'il l'entend répéter ; tel autre qu'une forme de gouvernement est immuable parce que sa famille l'a toujours proclamé. Ces opinions, insinuées par imitation dans notre esprit, s'y conservent par habitude. Ce sont des *préjugés* (1). Mais

---

(1). Préjugé vient d'un mot latin qui veut dire jugé avant. On juge vrai quelque chose avant d'examiner.

d'autres croyances nous sont plus personnelles. La démonstration d'un théorème de géométrie une fois comprise, nous le croyons vrai parce que nous saisissons certaines raisons qui le font vrai. De même 'homme religieux que ne guident pas la simple routine et l'habitude découvre le fondement de ses croyances. Avoir des croyances personnelles, c'est donc *prendre conscience intérieurement* des raisons de leur vérité

Manifestation de nos opinions. — Nos opinions s'élaborent au dedans de nous-mêmes ; mais nous les manifestons pas nos actes, par nos paroles, par nos écrits. Nous les exprimons au dehors pour les faire partager à autrui et aussi pour obéir à ce qu'elles commandent. Le croyant sincère prie et célèbre son culte pour observer un devoir qu'il croit vrai et parfois donner un exemple aux autres.

La liberté de penser. — Qu'est-ce donc que la liberté de penser ? C'est le droit d'examiner les choses *librement* par nous-mêmes, de former *personnellement* nos opinions et de les manifester. C'est ce pouvoir, si nécessaire à la vie de notre esprit, et pourtant bien des fois méconnu, que nous allons considérer.

§ 2. Le droit de penser. La tolérance. — Dans la mesure où nos semblables peuvent nous empêcher d'user de cette faculté, ils ont le devoir de ne pas le faire. Notre liberté de penser est à l'égard d'autrui un droit qu'il lui faut respecter. Cette obligation a reçu un nom, cher et auguste pour tous ceux qui ont horreur de l'esclavage : la tolérance. Mais il faut s'entendre sur ce droit et ce devoir.

Méthode légitime pour changer l'opinion d'autrui. — Le respect des croyances de nos semblables n'interdit certes pas de les discuter, de les contredire, afin d'y substituer les nôtres. C'est même une dette envers la vérité que nous croyons posséder que d'y tâcher. Mais nous ne devons essayer de changer les opinions d'autrui qu'en lui donnant des raisons de les trouver fausses et de croire les nôtres vraies, et non en l'assommant par exemple dans une manifestation. A cette condition notre semblable reste libre, car s'il renonce à ses croyances et adopte les nôtres, c'est pour des motifs dont il se rend compte, dont il prend intérieurement conscience. Ce changement, bien que sollicité par nous, vient de lui-même. C'est pour ainsi dire une action des esprits qui se pénètrent tout en restant libres, comme deux lumières qui, sans perdre leurs vertus propres, confondent leurs feux pour donner plus de clarté. Nous pouvons appeler ce procédé de propagande la méthode spirituelle et affirmer qu'il doit être notre règle sacrée dans nos conflits d'opinions.

L'intolérance. — L'intolérance coupable *consiste à employer pour changer l'opinion d'autrui des moyens étrangers à la raison* C'est un moyen étranger à la raison que d'employer la force, que d'interdire brutalement les discours, les écrits, la pratique d'un culte, que de faire souffrir quelqu'un qui ne partage pas nos opinions. C'est un moyen étranger à la raison, et qui revient du reste à l'emploi de la force, que de s'adresser à l'intérêt, que de pratiquer, comme on l'a fait jadis, la confiscation des biens et le refus des droits civils.

Jusqu'où peut aller l'effet de l'intolérance. — On

peut interdire à quelqu'un de manifester ses opinions, prétend-on d'ordinaire, mais non l'empêcher de les avoir ; **on a** pu contraindre Galilée à déclarer que le soleil tournait autour de la terre, mais non l'empêcher de murmurer en lui : « Et pourtant elle se meut. »

Or, ceci n'est vrai qu'en une certaine mesure.Car on peut d'abord, et c'est un puissant levier d'intolérance, donner à un homme la crainte d'examiner par lui-même ses propres opinions ; sous prétexte de l'arracher à la contagion, on peut l'habituer dès l'enfance à les recevoir toutes faites, lui imprimer la marque ineffaçable d'une ignorance calculée. Puis en empêchant une opinion de se répandre, on empêche les autres de la connaître et de l'accepter. Les croyances des Albigeois, pour prendre cet exemple entre mille, n'ont-elles pas été supprimées et déracinées pour toujours de la terre ? Il est donc parfaitement **vrai** que l'intolérance peut opprimer l'esprit, tarir la source intérieure des croyances ; et c'est là ce qui la rend illégitime et détestable, forte d'une puissance cachée que ses victimes ne soupçonnent pas.

Le sophisme (1) de l'intolérance. La vérité n'a-t-elle pas plus de droit que l'erreur ? — Le droit de penser librement n'a pas seulement été violé en fait : longtemps on l'a méconnu et nié en théorie ; le mot même de tolérance (2) l'indique. Mais on a pré-

---

(1) On appelle sophisme un raisonnement faux.

(2) Le mot tolérance indique que d'abord on n'a accordé la liberté de penser ou de pratiquer un autre culte que le culte officiel que par une grâce et une condescendance qui n'était pas obligatoire.

tendu justifier l'intolérance par le raisonnement suivant : La vérité a le droit de combattre l'erreur et
d'employer tous les moyens propres à la faire disparaître ; elle a des droits par cela même qu'elle est la
vérité, et l'erreur n'en saurait avoir. C'est ce qu'ont
toujours soutenu, avec une entière bonne foi, de
grands docteurs de l'Église. Ce raisonnement ne tra-
duit-il pas d'ailleurs une impulsion naturelle ? Nous
voici certains de tenir la vérité ; impatients de ne
point voir tous les yeux s'ouvrir à elle, n'avons-nous
pas une tendance involontaire à trouver légitime de
l'imposer à coups de poing , ou du moins par des
moyens plus efficaces que la persuasion, pour assurer
son triomphe salutaire ?

Mais les élans irréfléchis de notre nature ne sont
pas toujours une justification. Examinons donc à
fond ce raisonnement. Et d'abord vous êtes certain,
dites-vous, de tenir la vérité. Mais d'où vous vient
cette certitude ? La vérité n'a qu'une façon de se
révéler : c'est intérieurement, au fond des individus.
Si vous êtes certain, c'est qu'en vous-même de bonnes raisons de croire vraie votre opinion vous apparaissent à la pleine lumière de votre conscience. Mais
ce droit de juger par vous-même que vous vous attri-
buez, n'est-il pas contraire à toute justice défendable
de le refuser à votre semblable, de dénier à son esprit la faculté d'exister que vous accordez au vôtre ?

Ecoutez encore. Quand nous voyons combien les
hommes, certains de tenir la vérité, se sont trompés ;
quand nous voyons surtout combien sur toutes choses ils n'ont possédé qu'une vérité incomplète, ne
devons-nous pas avoir le sentiment d'une erreur possible de notre part ? Voltaire a dit en quelque endroit:

« La tolérance est l'apanage de l'humanité ; nous sommes tous pétris de faiblesse et d'erreur ; pardonnons-nous réciproquement nos sottises. » Sans doute cette boutade marque un peu trop de mépris pour l'intelligence humaine qui, possédant de bonnes raisons de croire, doit s'attacher fermement à une opinion. Mais ces raisons sont le fruit d'une recherche pénible. C'est un dur labeur, et qui inspire une grande indulgence, que la conquête de la vérité Seuls ceux qui n'on point connu cet effort ignorent cette crainte d'une erreur possible; seuls ceux qui ne jugent pas par eux-mêmes se croient infaillibles. « L'ignorant doute peu, le sot encore moins, le fou jamais » a remarqué un grand philosophe. Au contraire l'homme profondément cultivé, qui connaît la difficulté de se faire une opinion, est accessible à ce sentiment. Il doit penser qu'en tout cas la meilleure manière d'éprouver ses raisons de croire consiste à les communiquer aux autres et à voir si elles leur paraissent évidentes.

Ainsi la vérité se découvrant intérieurement par la connaissance des raisons de croire, nous devons accorder aux autres esprits comme au nôtre le droit de juger par eux-mêmes et avoir toujours le sentiment d'une erreur possible de notre part.

Formule d'abjuration de Galilée.— Et pour rendre plus sensible à notre cœur ce double motif d'être tolérant, pensons à l'exemple mémorable de Galilée. Ceux qui le condamnèrent ne méritent point de colère parce qu'ils étaient de leur temps. Mais ils usaient précisément d'une exécrable intolérance dans le moment même où ils se trompaient. Galilée dut prononcer la formule suivante : « Moi Galilée, à la soi-

« xante et dixième année de mon âge, constitué per-
« sonnellement en justice, étant à genoux et ayant
« devant les yeux les saints Evangiles que je touche
« de mes propres mains, d'un cœur et d'une foi sin-
« cère, j'abjure, je maudis et je déteste l'erreur, l'hé-
« résie du mouvement de la terre. »

§ 3. La conséquence de l'intolérance. — Les
maux engendrés par l'intolérance l'ont rendue à jamais haïssable. Elle a fait couler des fleuves de sang,
ruiné des pays par la persécution, allumé entre les
hommes des haines que les siècles n'apaisent pas.
Mais d'autres causes que des divisions de croyances
ont parfois aussi suscité des inimitiés et des guerres.

Le mal propre à l'intolérance. — Le mal vraiment
propre à l'intolérance est d'une autre nature, et peut
être plus redoutable encore. La vérité n'apparaît que
peu à peu, ne se révèle que *progressivement*. En
toutes choses les hommes commencent par avoir des
opinions fausses ou incomplètes ; puis un homme
vient qui a une opinion plus juste, détruisant ou
complétant les autres. Le progrès se fait donc par
l'hérésie (1). L'intolérance, qui tue l'hérésie, empêche
le progrès.

Dans les sciences. — Et ce résultat se retrouve
dans tous les domaines, pour le plus grand dommage
de sociétés. On le constate dans les sciences. Les
savants raisonnent, font des expériences, discutent,
se contredisent ; ils ne font avancer la science qu'en
se fiant à de solides raisons de croire. La découverte

____

(1) Les religions appellent hérésies toutes croyances individuelles qui s'écartent de leurs dogmes. Ici nous prenons le mot dans son sens le plus large :
toute opinion qui s'écarte de l'opinion commune.

n'est due qu'au libre examen. Que personne n'ait osé critiquer les médecins du xvii* siècle, et toutes nos maladies se traiteraient encore par des saignées.

Dans la morale et la politique. — La morale et la politique connaissent aussi cette marche au progrès. Toutes les idées qui furent bienfaisantes à l'humanité, l'idée de l'injustice de l'esclavage et du servage, celle de l'égalité des droits, celle même de la tolérance, ont été d'abord des idées neuves et hardies, peu à peu insérées dans l'opinion publique. Et les mauvaises institutions, les abus, ne cèdent qu'aux coups répétés d'une libre critique, se faisant jour dans les discours publics, la presse, les livres.

Dans la religion. — Mais cela est vrai pour la religion elle-même. Les hommes ont toujours sur la divinité et le culte qui lui convient des croyances correspondant à l'état actuel de la civilisation. Les dogmes ne sauraient être immuables parce que les notions sur la vie changent avec les siècles. Mais ces croyances n'évoluent que grâce à des idées neuves et individuelles. Une religion aussi ne progresse que par l'hérésie. Le premier qui condamna les sacrifices humains fut un hérétique; et quand le Christ vient proclamer que la charité envers le prochain importe plus que les offrandes et les pratiques vaines, il est persécuté parce qu'il contredit le culte de son pays. Une religion qui ne veut point la liberté de l'esprit maintient ses fidèles dans des croyances et des règles qui n'ont plus de sens; elle les dégrade au lieu de les élever, et elle meurt un jour de l'indifférence des hommes qu'elle ne console plus.

Tel est le châtiment que l'intolérance porte en elle.

d'empêcher le progrès des esprits et des institutions, ce progrès nécessaire à leur vie même.

§ 4. La tolérance en matière de religion. — Les opinions qui ont donné lieu aux plus grands excès sont les opinions relatives au culte. L'intolérance religieuse a été l'un des plus cruels fléaux de l'humanité. Elle a rendu les esprits méchants et cruels. Elle a fait des bêtes fauves de ces hommes qu'elle voulait amender. « Que la Terreur (1) révolution-« naire se garde bien de se comparer à l'Inquisition, « dit Michelet... Qu'est-ce que les seize mille guil-« lotinés de l'une devant ces millions d'hommes « égorgés, pendus, rompus, ce pyramidal bûcher, « ces masses de chairs brûlées que l'autre a montées « jusqu'au ciel? La seule inquisition d'une des pro-« vinces d'Espagne établit, dans un document authen-« tique, qu'en seize années elle brûla vingt mille « hommes... Mais pourquoi parler de l'Espagne, « plutôt que des Albigeois, plutôt que des Vaudois « des Alpes, plutôt que des beggards de Flandre, « que des protestants de France, plutôt que de « l'épouvantable croisade des hussites? »

L'idée de tolérance n'est pas venue des religions. — Certes, toutes les religions n'ont pas une même haine de la liberté de penser; elles n'ont pas toutes le même passé de cruautés. Aucune cependant n'est innocente de crimes d'intolérance. Le principe du droit de penser n'est sorti d'aucune église. Toutes se sont abritées sous sa protection, quand elles ont

---

(1) On appelle Terreur cette période de la Révolution française qui s'est signalée par des milliers d'exécutions capitales.

été menacées ; aucune ne l'a proclamé quand elle était puissante.

Le principe du fanatisme religieux. — L'intolérance est-elle donc le produit nécessaire des religions? Non pas, elle n'en est qu'un rejeton sauvage, dont le croyant sincère doit étudier le développement pour le mieux étouffer. Il entendra saint Augustin recommandant, lorsqu'échoue la persuasion « d'employer la contrainte pour ramener l'infidèle à la foi ». Il écoutera la parole de saint Thomas : « Si les faus-« saires et les malfaiteurs sont justement mis à mort « par les princes, à plus forte raison les hérétiques « convaincus doivent-ils être non seulement excom-« muniés, mais punis de mort. » Or ces hommes furent, on ne peut le nier, d'admirables exemples de douceur et d'oubli d'eux-mêmes. Il se demandera donc par quelle erreur terrible leurs croyances les menaient à cette violence.

La voici : Tout entier à son Dieu, respectueux de sa souveraine volonté, le croyant incline à prendre pour de criminelles offenses à ce Dieu les opinions qu'il tient pour fausses. L'incroyant ou l'hérétique peuvent être profondément sincères, ils ne lui semblent pas moins coupables comme des « faussaires ou des malfaiteurs ». Et c'est là la source du fanatisme religieux, cette idée que des croyances sincères sont en elles-mêmes des fautes morales qu'on doit châtier.

Idée funeste et contraire à la vérité, car seules sont détestables la mauvaise volonté et l'hypocrisie. Ne rabaissez-vous pas Dieu, l'être parfait, quand vous le faites irrité contre telle ou telle opinion à son sujet et récompensant autre chose que l'honnêteté

des actes et la sincérité du cœur? Pourquoi verrait-
il d'un œil plus favorable Dante qui a cru le servir
que Virgile qui n'a pu le connaître; pourquoi ne
serait-il également touché par la vertu du païen
Socrate, du juif Spinoza, du chrétien saint Vincent
de Paul? C'est superstition que de croire la volonté
parfaite sensible à autre chose qu'à la simple bonne
volonté. Et le mépris du fanatisme est le commen-
cement de l'amour de Dieu.

**Droits et devoirs réciproques en matière de reli-
gion.** — Le spectacle des rigueurs passées doit en-
flammer notre désir d'observer le devoir de tolérance
supérieur à toutes les croyances. Certes, nous
sommes et nous resterons longtemps divisés en matière de religion. En France, nous trouvons la religion chrétienne comprenant l'église catholique, la
plus considérable, les diverses églises protestantes,
la religion juive, la plus ancienne, la religion mu-
sulmane en Algérie; enfin, il y a des hommes qui
n'ont pas de croyances religieuses. Et sur un sujet
aussi grave, si digne de tenir au cœur des hommes,
comment s'étonner que la division d'opinions entraîne des rivalités, des conflits, des plaintes? Nous
n'en devons que mieux nous rendre compte de
nos droits et de nos devoirs en ces matières, de la
vérité sur laquelle nous pouvons nous accorder.

Droits de l'homme religieux. — Malgré leurs différences, toutes les religions ont un fond commun.
Toutes conçoivent, par delà le monde visible, livré à
tant de désordres et d'injustes souffrances, une volonté puissante et bonne, qui assure le règne de la
justice et qui relève les faibles et les malheureux.
Celui qui ne la partage pas doit respecter la foi reli-

gieuse, comme tout ce qui peut donner aux hommes des consolations et de la joie. Le croyant a donc le droit de professer et d'aimer publiquement ses croyances, c'est-à-dire de *constituer des églises*. Il a le droit d'essayer de propager sa foi, de prouver, s'il le peut, que les croyances contraires sont fausses et mauvaises, d'entr'ouvrir aux autres son idéal de charité et d'amour.

Devoir du croyant. — Mais les croyants, associés en églises, doivent une profonde déférence à la liberté de penser de tout esprit. Et ceci va loin : sans doute ils ne doivent pas opprimer les opinions contraires et les combattre avec d'autres armes que la persuasion et le raisonnement; mais ils n'ont pas même le droit de refuser la liberté de tout examiner à ceux de leurs fidèles qui cherchent à s'éclairer. Si un esprit d'enfant leur est confié, c'est un crime que de détruire en lui la réflexion, de l'habituer à recevoir toutes prêtes ses convictions et ses croyances, d'en faire pour la vie une machine inconsciente.

Principe de la laïcité de l'État. — Enfin, il est une prétention qu'au cours des siècles toutes les églises ont sans cesse élevée : obtenir de l'État, pour leurs croyances qu'elles assurent vraies, des privilèges refusés aux autres sous prétexte qu'elles sont fausses. Mais toutes les religions affirment connaître la vérité : laquelle mérite donc des faveurs spéciales? Le principe qui peut seul les accorder est celui de l'indépendance de l'État à leur égard. Nous en reparlerons plus tard, formulons-le déjà ainsi : l'État doit accorder à toutes les opinions des droits *égaux* à se répandre par la raison et à ne pas être opprimées l'une par l'autre.

L'État ne doit pas se faire oppresseur en faveur d'une religion. On ne peut lui demander de punir le blasphème, ou les attaques, même violentes, contre un culte, quand elles ne sont point des calomnies personnelles ; on ne peut l'obliger à défendre certains livres, ni à confier l'instruction des enfants ou le soin des malades qui recourent à lui aux membres d'une religion. L'État n'a point de foi particulière, ou plutôt il représente une opinion supérieure en laquelle toutes peuvent s'accorder : les esprits se doivent un mutuel respect de leur liberté.

§5. La tolérance en politique. — Deux hommes se battent dans la rue. Est-ce une vengeance? Non pas; ils diffèrent simplement d'opinions politiques. C'est un autre genre d'intolérance dont les formes, parfois moins brutales, sont toujours aussi odieuses. « Un ouvrier se voit enlever son travail parce « qu'il n'affiche pas les même opinions politiques « que son patron. Tel ne consent à secourir une « famille pauvre que si elle se soumet à certaines « pratiques religieuses. Celui-ci recourt aux mena- « ces et aux promesses pour amener les gens à ca- « cher ou à renier leurs opinions et à suivre les « siennes. Celui-là cherche à détourner d'un mar- « chand sa clientèle parce que ce marchand a des « opinions différentes de lui-même. » (Revue de l'enseignement primaire). N'observons-nous pas qu'à chaque élection la parole devient plus difficile, que les affiches grotesques égarent les opinions, que le bruit stupide étouffe le langage articulé, organe de la pensée?

Source de l'intolérance politique. — Ce **genre**

d'intolérance n'a pas pour cause principale l'amour de la vérité. Si quelqu'un frappe autrui ou cherche à le perdre, ce n'est point que l'opinion d'autrui lui paraisse plus fausse que la sienne, mais parce qu'elle peut se traduire en actes, aboutir à des lois économiques, militaires, scolaires, qui blessent ses idées ou ses intérêts. Les gouvernements et les partis qui oppriment une partie de la nation ont toujours cherché à étouffer la pensée, car nous avons vu que les hommes ne réclament leurs droits que lorsqu'ils pensent et que l'ignorance entretient la servilité.

Distinction des opinions et des actes. — Certes, nous avons le droit d'opposer la force aux actes de nos semblables qui blessent injustement nos intérêts. Peut-être même pouvons-nous nous révolter contre des lois iniques. Nous l'examinerons autre part. Mais la raison ne nous permet pas d'empêcher les actes en essayant d'empêcher les idées de naître et de se répandre. En politique, comme en religion, nous devons respecter la liberté de penser, et favoriser l'examen de toutes les opinions ; loin d'imiter ceux qui, dans un journal, déguisent la vérité qui les gêne, empêchent la lumière de se dégager peu à peu d'une discussion commune et d'un examen collectif.

Conclusion. — Ainsi, les individus, si différents qu'ils soient d'opinion, doivent reconnaître comme vrai ce principe que chacun a le droit de former librement ses croyances et de les répandre. Au nom de cette idée commune, la société doit garantir et assurer ce droit. Elle doit veiller à ce que les esprits ne se pénètrent qu'intérieurement en s'adressant à

la raison, ce qui n'exclut point la liberté. Songeons
qu'à ce seul prix la discussion sera féconde et le
progrès possible ; songeons surtout que les affirma-
tions brutales ne conviennent pas à notre faiblesse ;
et méditons, pour nous en convaincre, cette « prière
à Dieu », si pleine d'ironie et de pitié pour notre
humanité, par laquelle Voltaire termine son Traité
sur la tolérance : « Ce n'est donc plus aux hommes
« que je m'adresse: c'est à toi, Dieu de tous les
« êtres, de tous les mondes et de tous les temps...
« Daigne regarder en pitié les erreurs attachées à
« notre nature ; que ces erreurs ne fassent point nos
« calamités. Tu ne nous as point donné un cœur
« pour nous haïr et des mains pour nous égorger ;
« fais que nous nous aidions mutuellement à sup-
« porter le fardeau d'une vie pénible et passagère ;
« que les petites différences entre les vêtements qui
« couvrent nos débiles corps, entre tous nos langa-
« ges insuffisants, entre tous nos usages ridicules,
« entre toutes nos lois imparfaites, entre toutes nos
« opinions insensées, entre toutes nos conditions si
« disproportionnées à nos yeux et si égales devant
« toi ; que toutes ces petites nuances qui distinguent
« les *atomes* appelés hommes ne soient pas des si-
« gnaux de haine et de persécution ; que ceux qui
« allument des cierges en plein midi pour te célé-
« brer supportent ceux qui se contentent de la lu-
« mière de ton soleil ; que ceux qui couvrent leur
« robe d'une toile blanche pour dire qu'il faut t'ai-
« mer ne détestent pas ceux qui disent la même
« chose sous un manteau de laine noire ; qu'il soit
« égal de t'adorer dans un jargon formé d'une an-
« cienne langue ou dans un jargon plus nouveau...

« Puissent tous les hommes se souvenir qu'ils sont
« frères ! qu'ils aient en horreur la tyrannie exercée
« sur les âmes, comme ils ont en exécration le bri-
« gandage qui ravit par la force le fruit du travail
« et de l'industrie paisible ! Si les fléaux de la guerre
« sont inévitables, ne nous haïssons pas, ne nous
« déchirons pas les uns les autres dans le sein de la
« paix, et employons l'instant de notre existence à
« bénir également en mille langages divers, depuis
« Siam jusqu'à la Californie, ta bonté qui nous a
« donné cet instant. »

Questionnaire :

A. Droit de penser. — 1. Qu'est-ce que former personnellement ses opinions? Qu'est-ce qu'un préjugé? — 2. Expliquer comment on peut chercher à changer l'opinion d'autrui, tout en respec-
tant sa liberté de penser. — 3. Trouvez-vous qu'un homme fait
bien quand il refuse de lire un livre ou d'écouter ce qu'on lui dit,
de peur d'être ébranlé dans son opinion? — 4. Expliquer d'où vient
le mot de tolérance. — 5. Est-il vrai que l'intolérance ne peut parvenir à détruire des croyances et que la vérité triomphe toujours? -
6. Pourquoi sommes-nous portés à croire que nous aurons le droit
d'être intolérants? — 7. Quels sont les deux arguments que vous
objecterez à ceux qui légitiment l'intolérance sur ce que la vérité a
plus de droit que l'erreur?

B. Conséquences de l'intolérance. — 1. Quelle est la conséquence funeste qui appartient en propre à l'intolérance? — 2. Montrer combien il est utile que certains hommes s'écartent de l'opinion
de tout le monde dans les sciences, en politique, en religion. —
3. Expliquer cette superstition qui consiste à croire qu'on peut
offenser Dieu autrement que par une conduite ou des intentions
injustes. — 4. Quelles sont les diverses religions pratiquées en
France ? — 5. Quelle est la croyance commune à toutes les religions? — 6. Expliquer ce principe que l'État doit être laïque. Citer des
applications. — 7. Quelles sont les raisons d'intérêt, étrangères à
l'amour de la vérité, qui nous entraînent à être intolérants dans les
questions politiques?

Lecture.

Très humble remontrance aux inquisiteurs d'Espagne et de Portugal.

Une juive de dix-huit ans, brûlée à Lisbonne au dernier autodafé, donna occasion à ce petit ouvrage; et je crois que c'est le plus inutile qui ait jamais été écrit. Quand il s'agit de prouver des choses si claires, on est sûr de ne pas convaincre.

L'auteur déclare que, quoiqu'il soit juif, il respecte la religion chrétienne, et qu'il l'aime assez pour ôter aux princes qui ne seront pas chrétiens un prétexte plausible pour la persécuter.

« Vous vous plaignez, dit-il aux inquisiteurs, de ce que l'empereur du Japon fait brûler à petit feu tous les chrétiens qui sont dans ses États; mais il vous répondra: Nous vous traitons, vous qui ne croyez pas comme nous, comme vous traitez vous-mêmes ceux qui ne croient pas comme vous: Vous ne pouvez vous plaindre que de votre faiblesse, qui vous empêche de nous exterminer, et qui fait que nous vous exterminons.

« Mais il faut avouer que vous êtes bien plus cruels que cet empereur. Vous nous faites mourir, nous qui croyons ce que vous croyez, parce que nous ne croyons pas tout ce que vous croyez. Nous suivons une religion que vous savez vous-mêmes avoir été autrefois chérie de Dieu; nous pensons que Dieu l'aime encore, et vous pensez qu'il ne l'aime plus, et parce que vous jugez ainsi, vous faites passer par le fer et par le feu ceux qui sont dans cette erreur si pardonnable, de croire que Dieu aime encore ce qu'il a aimé.

« Si vous êtes cruels à notre égard, vous l'êtes bien plus à l'égard de nos enfants: vous les faites brûler parce qu'ils suivent les inspirations que leur ont données ceux que la loi naturelle et les lois de tous les peuples leur apprennent à respecter comme des Dieux.

« Vous vous privez de l'avantage que vous a donné sur les Mahométans la manière dont leur religion s'est établie. Quand ils se vantent du nombre de leur fidèles, vous leur dites que la force les leur a acquis et qu'ils ont étendu leur religion par le fer : pourquoi donc établissez-vous la vôtre par le feu ?

« Quand vous voulez nous faire venir à vous, nous vous objectons une source dont vous vous faites gloire de descendre. Vous nous répondez que votre religion est nouvelle, mais qu'elle est divine ; et vous le prouvez parce qu'elle s'est accrue par la persécution des païens et par le sang de ses martyrs ; mais aujourd'hui vous prenez le rôle de Dioclétien et vous nous faites prendre le vôtre.

« Nous vous conjurons, non pas par le Dieu puissant que nous servons, vous et nous, mais par le Christ que vous nous dites avoir pris la condition humaine pour vous proposer des exemples que vous puissiez suivre ; nous vous conjurons d'agir avec nous comme il agirait lui-même s'il était encore sur la terre. Vous voulez que nous soyons chrétiens et vous ne voulez pas l'être.

« Mais si vous ne voulez pas être chrétiens, soyez au moins des hommes ; traitez-nous comme vous feriez si, n'ayant que ces faibles lueurs de justice que la nature nous donne, vous n'aviez point une religion pour vous conduire et une révélation pour vous éclairer.

« Si le ciel vous a assez aimés pour vous faire voir la vérité, il vous a fait une grande grâce, mais est-ce aux enfants qui ont eu l'héritage de leur père de haïr ceux qui ne l'ont pas eu ?

« Que si vous avez eu cette vérité, ne nous le cachez pas par la manière dont vous nous la proposez. Le caractère de la vérité, c'est ſon triomphe sur les cœurs et les esprits et non pas cette impuissance que vous avouez, lorsque vous voulez la faire recevoir par des supplices.

« Si vous êtes raisonnables, vous ne devez pas nous faire mourir, parce que nous ne voulons pas vous tromper. Sι votre Christ est le fils de Dieu, nous espérons qu'il nous récompensera de n'avoir pas voulu profaner ses mystères ; et nous croyons que le Dieu que nous servons, vous et nous, ne nous punira pas de ce que nous avons souffert la mort pour une religion qu'il nous a autrefois donnée, parce que nous croyons qu'il nous l'a encore donnée.

« Vous vivez dans un siècle où la lumière naturelle est plus vive que jamais, où la philosophie éclaire les esprits, où la morale de votre Evangile a été plus connue, où les droits respectifs des hommes les uns sur les autres, l'empire qu'une conscience a sur une autre conscience sont mieux établis. Si donc vous ne revenez pas de vos anciens préjugés qui, si vous n'y prenez garde, sont des passions, il faut avouer que vous êtes incorrigibles incapables de toute lumière et de toute instruction; et une nation est bien malheureuse qui donne de l'autorité à des hommes tels que vous.

« Voulez-vous que nous vous disions naïvement notre pensée? Vous nous regardez plutôt comme vos ennemis que comme les ennemis de votre religion; car si vous aimiez votre religion, vous ne la laisseriez pas corrompre par une ignorance grossière.

« Il faut que nous vous avertissions d'une chose : C'est que si quelqu'un dans la postérité ose jamais dire que, dans le siècle où nous vivons, les peuples de l'Europe étaient policés, on vous citera pour prouver qu'ils étaient barbares; et l'idée que l'on aura de vous sera telle qu'elle flétrira votre siècle et portera la haine sur tous vos contemporains. »

(MONTESQUIEU *Esprit des Lois*. XXV, 13).

CHAPITRE XI

Le droit à l'assistance.

Nos existences sont solidaires : en accordant trop
à l'une, on risque d'exploiter injustement les autres. Il
est donc malaisé de déterminer les droits des individus. Mais la difficulté va redoubler : voici des hommes
qui, pour vivre, ne peuvent rien donner en retour
de ce qu'ils reçoivent. S'ils n'obtiennent point ce
concours gratuit, cette *assistance*, ils ne peuvent
que s'éteindre dans la souffrance.

§ 1. Les indigents. — La société actuelle est en-
combrée de ces hommes. Pour se passer d'assistance
il faut avoir de la fortune ou travailler : on obtient
alors des autres ce dont on a besoin en leur cédant
du travail ou des richesses que l'on possède. Or, il
est des milliers d'êtres qui ne possèdent rien et ne
travaillent pas. Ce sont les *indigents*, mot significa-
tif qui veut dire, en latin : *ceux qui ont besoin*.

Trois catégories d'indigents. — Un savant contemporain (1) en distingue trois catégories :

1º Ceux qui sont pauvres et n'ont pas les forces
physiques ou intellectuelles nécessaires pour travailler : enfants sans ressources, dont les parents
sont morts ou disparaissent en les abandonnant ;

---

(1) M. Gide, dans ses *Principes d'économie politique.*

enfants moralement délaissés, si nombreux dans les grandes villes, que leurs parents maltraitent ou privent de nourriture, de soins, parfois de domicile, et qui n'ont plus que le grand désert de la rue ; vieillards sans forces ou sans famille ou pesant trop lourdement sur une famille trop démunie ; malades atteints d'une affection temporaire ou d'une maladie chronique, tous les infirmes, les paralytiques, les fous, les idiots. Et ce déchet de la santé publique augmente toujours avec la concentration dans les grandes villes, avec la débauche, l'alcoolisme. La civilisation semble affaiblir le corps humain : elle multiplie les faibles et les dégénérés ;

2° Ceux dont le travail est insuffisamment rémunéré ou qui n'ont pas de travail. Nous avons expliqué la cruelle situation de ces hommes valides et de bon vouloir qui ne trouvent pas à être employés par les possesseurs d'instruments de travail. L'impossibilité d'accroître la production entraîne pour beaucoup le *chômage inévitable* et le dénuement qui le suit. La production intense multiplie et aggrave ces crises. L'industrie moderne produit *en grand* les richesses, mais elle produit aussi *en grand* la misère et l'indigence ;

3° Ceux qui ne veulent pas travailler. Tout travail constitue un effort, exige de la constance, de la soumission à une discipline. Beaucoup d'hommes ont une humeur nomade et des instincts de paresse : mendiants de profession, malfaiteurs qui essayent de vivre aux dépens de la société, imprévoyants qui dissipent leurs ressources.

Ceux-là seuls, dans la mesure où ils auraient pu trouver un travail rémunéré, sont les auteurs res-

ponsables de leur indigence. Mais les autres ne sauraient subsister sans l'aide d'autrui. Vivant parmi les
hommes ils sont en dehors de la société. Errant dans
la rue, où tout est pour lui un mirage décevant,
l'enfant abandonné, sans abri et sans pain, cou-
doie ses semblables qui passent, indifférents.

§ 2. Problème du droit à l'assistance. — Les
âmes bonnes sont toujours venues au secours des
malheureux ; elles ont créé des œuvres admirables.
C'est la charité, sentiment d'amour pour autrui, qui
nous porte à assister l'indigent. L'homme bien né
se représente les souffrances de son semblable ; il
en éprouve de la douleur et désire les soulager.
Parfois aussi sa religion lui fait de cette pitié un devoir. Mais cette charité est *privée* c'est-à-dire qu'elle
reste *facultative*. Les particuliers qui aident les in-
fortunes peuvent ne point le faire, sans y être con-
traints par les lois de la société. Or, une question se
pose : n'est-ce pas une vérité s'imposant à la raison
commune que les indigents ont un droit à être assistés, sous la garantie de la société ? N'est-il pas *juste* que
la société s'impose à elle-même l'assistance par des
lois, au lieu de l'abandonner à la bonne volonté
facultative des particuliers ? N'est-il pas juste d'inscrire
de droit au budget de l'Etat ou des communes les
sommes nécessaires pour secourir les malheureux ?
Ce n'est là, on le voit, qu'un des côtés de la question
sociale. Les clartés obtenues à propos des droits
économiques vont nous guider en ce sujet.

1° **L'assistance due aux indigents victimes d'injustices indéterminées.** — Les indigents ne peuvent
se procurer le nécessaire, parce qu'ils n'ont rien et

ne peuvent pas travailler. Ils n'ont rien : n'est-ce pas d'abord qu'ils n'ont pas toujours reçu ce à quoi ils avaient droit? Ne savons-nous pas que certaines personnes, dans une situation privilégiée, reçoivent plus qu'elles ne donnent, obligeant d'autres à recevoir moins, et qu'ainsi il y a des injustices dans la répartition des richesses? Ce vieillard incapable de travail se trouve peut-être sans ressources parce qu'il n'a pas obtenu la quantité de richesses à laquelle son labeur antérieur lui donnait droit. La même injustice accable peut-être · ce travailleur frappé soudain en pleine vigueur, et dont quelques jours de maladie consument les dernières économies. Ces parents qui abandonnent moralement leurs enfants, n'est-ce pas qu'un travail trop faiblement rémunéré les prend, père et mère, tout le jour, supprimant toute vie de famille, toute joie du foyer, leur faisant un corps et une âme de bêtes de somme?

Ceux-ci chôment : est-il équitable qu'ils soient sans travail, tandis que d'autres, sans plus de bonne volonté et d'aptitudes, en obtiennent? Et leur chômage d'ailleurs ne tient-il pas, en quelque mesure, au manque de ressources des masses qui empêche d'accroître la production?

Des injustices, indéterminées il est vrai, et pour ainsi dire *disséminées*, sont donc en partie la cause de l'indigence. Ce n'est pas telle personne, mais toute la société qui en est responsable. Et peut-être ne peut-on les supprimer complètement.

Mais elles créent pour ceux qui souffrent un droit à les voir réparer, dans la mesure du possible, par l'assistance. Et le fondement de ce droit est ici cette simple équité qui veut que chacun reçoive autant qu'il donne.

2° L'assistance due même aux indigents par nature. — Mais l'indigence a d'autres causes. Supposons une cité idéale, où chacun recevrait exactement ce qui lui est dû; où la quantité de travail, rendue possible par l'étendue de la terre et le nombre des instruments, serait justement répartie parmi les hommes de bonne volonté. Dans cette cité surhumaine, l'iniquité et la malechance ne feraient point de pauvres. Pourtant on y verrait encore des indigents : infirmes, fous, imbéciles, faibles de corps et d'esprit; ouvriers mutilés par des accidents de machine; travailleurs dépouillés du fruit de leur travail par une catastrophe naturelle, par un incendie, un tremblement de terre, un désastre comme celui de la Martinique. Ceux-là, frustrés par la nature, non par la faute des hommes, sont rendus par elle incapables de rien donner pour recevoir ce dont ils ont besoin.

Fraternité sociale, degré supérieur de justice.— Faut-il donc les laisser périr, ou les égorger comme font certaines sociétés sauvages? Le cœur répond en faisant créer des hôpitaux et des asiles. Mais que dit la raison commune? Chacun, proclame-t-elle, doit s'intéresser à la vie d'autrui comme à la sienne ; ce qui ne l'oblige pas à s'y intéresser davantage. Il n'a certes point à prendre la charge de la vie d'autrui quand autrui la peut prendre lui-même ; il n'a pas à satisfaire aux besoins de son semblable si celui-ci peut y pourvoir par son travail. C'est pourquoi nous avons condamné cette formule : « Chacun a droit à la satisfaction de ses besoins », qui n'est point vraie sans les restrictions nécessaires. Nous n'avons pas à nous laisser exploiter par ceux qui peuvent vivre sans le faire.

Mais ceux qui ne peuvent alimenter leur propre existence ont des besoins criants aussi importants que les nôtres. Nous devons donc partager avec eux la vie, les faire subsister même à nos dépens.

Certes si, comme le craint un philosophe (1), les débiles et les infirmes devaient constituer un poids trop lourd pour les hommes sains, s'ils devaient affaiblir la race, consommer trop de ressources nécessaires, si tout malade qu'on fait vivre devait supprimer la vie d'un bien portant; la question demanderait peut-être une autre solution.

Mais tant qu'il en est autrement, nous devons proclamer le droit à l'assistance pour les indigents par nature. Ici l'assistance n'est plus fondée sur la simple équité de l'échange égal ; elle naît d'une justice supérieure, ou plutôt d'un degré supérieur de justice, exigeant que nous partagions nos moyens de vivre avec autrui, lors même qu'autrui ne peut rien nous donner en retour. Elle naît de la *fraternité sociale*, qui oblige les membres d'une société à l'aide mutuelle que des sentiments naturels imposent aux membres d'une même famille. Mais elle le réclame au nom de la raison : la fraternité sociale est bien encore de la justice.

§ 3. L'assistance n'est pas due aux indi-

---

(1) Un philosophe contemporain, M. Spencer, homme de grand cœur autant que de grand esprit, craint que les infirmes si on s'efforce de les faire vivre, n'affaiblissent dangereusement la santé de la race.

gents volontaires. — Chacun a le droit de ne pas travailler, de dissiper ses ressources, d'implorer la charité privée et de risquer de mourir de aim. Mais il est évident que tous ces indigents volontaires n'ont aucun droit d'exiger de la société qu'elle les fasse vivre. L'assistance n'est pas due aux paresseux, aux imprévoyants. Il est même légitime que la société se protège contre le danger qu'ils peuvent faire courir à la vie et aux biens des travailleurs (1), et qu'elle les oblige à entretenir les êtres qu'ils ont mis au monde.

Seulement l'assistance sociale aussi bien que la charité privée trouvent un difficile problème pratique dans la nécessité de discerner les indigents de cette troisième catégorie et surtout de ne pas les multiplier. Tant d'hommes sont enclins à la paresse ou à l'imprévoyance, ne donnent pas l'effort désespéré qui sauve de l'abîme s'ils comptent sur le concours de leur semblable! Le devoir de l'assistance est limité par l'obligation de ne pas affaiblir l'initiative et l'effort individuels.

§ 4. **Assistance ou mesures préven-tives**. — D'ailleurs le meilleur moyen d'assister l'indigence, c'est encore de la prévenir, d'en tarir les sources. Et c'est en tout cas le seul refuge contre son flot envahissant. Des injustices sociales créent fatalement la pauvreté , l'alcoolisme engendre des populations de fous ou d'imbéciles. Toute réforme

---

(1) La législation française condamne à la prison tous ceux qui n'ont ni domicile, ni « moyens d'existence connus ». Mais on peut trouver que cette mesure prise par la société pour se protéger dépasse le droit de la société, et qu'elle est singulièrement brutale.

publique ou privée qui atténue les inégalités injustes, toute mesure prise contre l'alcoolisme, valent bien des millions dépensés en secours ou en créations d'hôpitaux.

L'assistance sociale et la charité privée. — Ce principe de l'assistance obligatoire s'est peu à peu imposé à toutes les nations civilisées, toutes reconnaissent que la justice, même à ce degré supérieur que nous avons appelé fraternité, correspond à des droits exigibles et doit descendre dans les lois. C'est ainsi qu'en France, pendant la Révolution, la Convention, ou Assemblée des représentants du peuple, inscrivit dans sa déclaration des droits . « **Les secours publics aux indigents sont** « une dette sacrée et c'est à la *loi* à en déterminer « l'étendue et l'application. »

L'assistance sociale ne saurait pourtant rendre inutile la charité privée. D'abord celle-ci devance toujours celle-là. Le cœur devine les souffrances et les droits des malheureux avant les institutions et les lois. En voici un bel exemple. En France la société prend à sa charge les enfants orphelins ou abandonnés qui deviennent ainsi « les enfants assistés ». Mais elle ne recueille point ceux qui ont plus de douze ans. Jusqu'à ces dernières années la police les arrêtait comme vagabonds et les traduisait devant les tribunaux. Acquittés comme ayant agi sans discernement, ils étaient jetés dans des colonies pénitentiaires parmi les jeunes criminels ! C'est alors que des associations de charité privée, comme « le Sauvetage de l'enfance (1) », sont inter-

____

(1) Jusqu'ici on a autorisé chaque année dans les lycées et écoles des collectes en faveur du sauvetage de l'enfance, pour que les enfants apprennent à venir en aide à leurs *frères* abandonnés.

venues pour arracher au péril ces abandonnés de la société. C'est encore l'initiative de particuliers qui a entrepris dans plusieurs grandes villes de France de mener chaque année, en colonies de vacances, des enfants du peuple à la campagne ou au bord de la mer.

Mais alors même que l'**Assistance** publique aurait toutes les ressources nécessaires et remplirait tout son office, la place de la charité individuelle resterait considérable. Seule elle peut découvrir les souffrances qui se cachent et révéler celles qui s'ignorent; seule elle peut soulager les douleurs non prévues par les lois; seule surtout elle peut ajouter à l'assistance matérielle l'assistance morale, l'affection, la consolation, l'encouragement que les lois ne peuvent exiger, car la bonté ne se commande pas.

§ 5. **Conclusion : Justice et fraternité sociale.** — Ce degré supérieur de justice, prescrivant l'assistance pour qui ne peut rien rendre en retour, cette fraternité correspond aussi à des droits, puisque la raison commune la reconnaît comme un devoir. La société doit garantir ces droits; elle doit être fraternelle dans ses institutions et ses lois. Et comme les lois et les institutions ne peuvent jamais réaliser toute la fraternité, la charité privée, les associations particulières, la famille doivent chercher à parfaire cette œuvre. Sans doute les sources de souffrances qui jaillissent du fond de toute existence humaine ne peuvent être complètement taries : la maladie, les deuils, les déceptions sont inépuisables. Mais la raison commande aux hommes d'unir leurs volontés au lieu de se combattre, d'oublier les intérêts mesquins et le désir de se nuire, de se venir mutuellement en aide contre la souffrance qui les attend tous.

Questionnaire :

1. Distinguer les trois catégories d'indigents. — 2. Qu'est-ce qui caractérise essentiellement la charité privée? — 3. Comment se pose la question des droits à l'assistance? — 4. Distinguer les deux degrés de la justice. — 5. Voici les habitants de la Martinique qui deviennent *indigents*, parce qu'un cataclysme a détruit leurs instruments de production. Ont-ils droit à l'assistance? S'ils ont droit à l'assistance, est-ce en raison de la simple justice, ou en raison de la fraternité? — 6. Pourquoi l'Assistance publique n'arrivera-t-elle jamais à rendre la charité privée inutile?

CHAPITRE XII

Son rôle social et moral.

Lien de ce qui précède avec ce qui va suivre.
— Contemplons un instant, avant d'aller plus loin, le
terrain lentement conquis. L'homme vit en société;
la raison lui prescrit de *collaborer* avec ses semblables. Dans cette collaboration il doit remplir complètement la justice, non seulement ne pas exploiter
autrui mais même l'assister

Mais, *en fait*, il existe dans la société des institutions où l'individu se trouve engagé et qui affectent
profondément sa vie : famille dont il est membre,
professions qui s'ouvrent à lui, nation à laquelle il
appartient et qui doit se gouverner et s'administrer,
pour ne citer que les plus importantes, les plus généralement connues en tout temps et en tous pays.
Nous allons étudier le rôle moral et social de ces
institutions, ou, plus précisément, nous allons chercher comment la famille, la profession, la patrie,
l'Etat, peuvent servir à l'individu pour réaliser les
fins que la raison lui prescrit dans la société.

**§ 1. Généralités. — La famille, société
particulière dans la société.** — Il est nécessaire
que dans la société se forment des sociétés plus petites, des associations particulières : les individus
peuvent y collaborer, s'y prêter assistance matérielle

et morale, d'une façon qui serait impossible dans l'ensemble. Tous les hommes ne peuvent être amis, s'assister de leurs conseils, de leurs affections. L'humanité tout entière ne peut former une seule et même union de secours mutuels : elle serait trop vaste pour se bien constituer. Il faut donc recourir aux sociétés particulières. La famille en est une parmi bien d'autres. Mais il n'en est peut-être pas dont les membres aient leur vie plus étroitement unie, où ils soient plus solidaires, plus capables de se prêter une aide complète. Aussi elle est peut-être la plus précieuse pour l'homme qui veut vivre suivant la raison.

Transformations de la famille. — Le rôle de la famille dans la société a changé et continue sans doute de changer ; car la famille évolue et la société se transforme autour d'elle. Autrefois son rôle était autrement considérable qu'aujourd'hui. Certains historiens prétendent qu'en des temps très reculés, dont les chants d'Homère nous donnent quelque image, la famille était la seule société organisée : pas d'autre association à ses côtés, pas de nation au-dessus d'elle avec ses institutions judiciaires ou militaires. C'est le chef de famille qui rend la justice. C'est dans la famille que s'organise la défense commune. La vie sociale de l'homme était toute au sein de la famille.

Aussi la famille, ayant un rôle social si considérable, était bien plus vaste que la nôtre, groupement de plusieurs ménages parents par le sang et de leurs esclaves. A sa tête le chef de famille, roi plutôt que père, et roi despotique, maître des personnes et des biens, rendant la justice, commandant les expéditions. Les rois de l'Iliade et de l'Odyssée, Ulysse, Agamemnon, furent vraisemblablement des chefs de famille. Depuis la famille s'est transformée. *D'autres sociétés, et surtout la nation, lui ont pris de son rôle.* La justice se rend en dehors d'elle ; la défense militaire lui est étrangère, l'instruction même des enfants, l'assistance au vieillard restent de moins en moins à sa charge. On ne saurait énumérer toutes les besognes sociales qui lui sont prises peu à peu. *La nation y pénètre de plus en plus oar ses lois.* La nation a brisé la famille despotique de jadis, elle garantit les droits de l'enfant à l'égard du père qui abusait de son autorité, les droits de la femme à l'égard du mari qui pourrait la maltraiter ou dilapider le patrimoine ; elle impose dans certains cas, aux enfants oublieux de leurs devoirs, d'entretenir leurs vieux parents. Ainsi la loi française, instituée par la Révolution, enlève la libre disposition de ses biens, au chef de famille : celui-ci, pour conserver entier le patrimoine familial, laissait en général tous ses biens et privilèges à l'aîné de ses fils au détriment des cadets ; à présent il ne peut déshériter certains de ses enfants. Le patrimoine familial est brisé, mais les droits **des** enfants sont sauvegardés. Enfin, pour des causes plus fortes que les hommes, *la solidarité familiale, en fait, se réduit de plus en plus au ménage (parents et enfants)* ; elle s'affaiblit entre collatéraux. Les conditions de la vie dispersent les ménages qui restaient autrefois dans la même ville ou le même village. La loi permet sans doute à un homme d'hériter de son cousin germain. Mais, vivant loin de lui, souvent il le connaît à peine ; il a des amis plus près de son cœur. Ce n'est pas à lui qu'il demandera assistance, qu'il rendra compte de sa conduite. La solidarité ne reste nécessairement étroite qu'entre père, mère et enfants.

Comment se pose la question du rôle social et moral de la famille. — Mais, disent parfois des esprits chagrins, ces transformations sont des pertes pour la société. Non, certes : la famille n'est point chose immuable, mais toute fonction qu'elle abandonne ne saurait être perdue qu'autant que d'autres organisations ne s'en chargent pas ou ne la remplissent pas aussi bien. L'enfant n'apprend-il pas à lire aussi vite à l'école qu'au milieu des siens ?

Le rôle de la famille n'en demeure pas moins considérable, plus important par certains côtés et plus noble qu'autrefois. Etudions ce rôle par rapport aux fins que l'homme doit réaliser dans la société. Observons comment les hommes trouvent dans la famille des conditions favorables pour collaborer, et ce qu'ils doivent faire en vue d'une collaboration aussi complète que possible et respectueuse de la justice.

§ 2. La famille, association d'affection mutuelle et association d'intérêts matériels. — Quel est donc le rôle de la famille dans la société? Elle a pour but les joies de l'affection mutuelle, l'association des travaux et des intérêts matériels, enfin l'éducation des enfants. A ces trois titres elle sert aux fins que la raison nous impose.

Valeur incomparable de l'affection mutuelle. — Le bien le plus précieux pour l'individu est d'être aimé. Être aimé, sentir qu'on n'est pas seul à s'intéresser à soi, qu'un autre cœur palpite de nos souffrances et de nos joies, qu'une autre volonté veut ce que nous voulons... Mais ce bien considérable que l'individu demande aux autres, il doit avoir l'intention de le leur procurer. La réciprocité de l'affection est un devoir.

La famille, condition particulièrement favorable de l'affection mutuelle. — Il est impossible que tous les hommes se témoignent les uns aux autres le même attachement. Mais cela devient possible aux membres d'un petit groupe. Or, il n'est pas de société particulière qui offre des conditions plus favorables que la famille pour atteindre ce grand bien. Ici, la nature vient en aide au devoir. Si l'homme et la femme se sont associés, c'est que déjà, en général, ils s'aimaient de cet amour puissant qui tient à la différence des sexes; ils aiment leurs enfants pour les avoir mis au monde; et la vie commune resserre encore ces liens du cœur. Ces trois causes font naître naturellement dans la famille une affection si puissante que, si la mort vient l'interrompre, la vie semble se retirer des survivants.

Joie de la famille. — Dans la famille, l'individu peut savourer cette douceur incomparable de vivre avec ceux qu'il aime et d'aimer ceux avec qui il vit. Seul, il est faible et désarmé. Entouré d'une famille où l'on s'aime, il devient fort : fort de la joie de cette affection mutuelle qui survit à une carrière manquée, aux amitiés déçues, à la méchanceté des hommes, à la ruine de la santé. L'attachement réciproque donne aux membres de la famille un bonheur *indépendant*, un abri contre les déboires du dehors.

La famille, association d'intérêts matériels. —

Pour subvenir aux charges de la vie, les époux s'u-
nissent. Ils mettent en commun leurs salaires, leurs
capitaux, ou du moins les revenus de ces capitaux.
Ils se partagent d'ordinaire le labeur nécessaire à
leur entretien. L'homme, au dehors, accomplit des
travaux rémunérés, la femme se réserve ceux du
ménage (1). Et nulle part l'assistance ne peut être
mieux pratiquée. Quels soins valent, pour le malade
ou le vieillard, ceux de la famille ?

La famille peut être un enfer. — Mais il ne s'agit
pas de pouvoir s'aimer pour que l'affection règne.
Si les membres de la famille peuvent se donner l'un
à l'autre les joies les plus profondes, ils peuvent
aussi s'infliger des souffrances d'autant plus cruelles
qu'ils sont rivés à la même chaîne. Un dramaturge
contemporain (2) a comparé cette vie commune
obligatoire à des « tenailles » qui broyent les cœurs.
Les deux époux condamnés à vivre ensemble peuvent se détester, souffrir de leur présence mutuelle.
Ils ont les mêmes droits; et l'un peut être indigne,
méprisable, méchant. Leurs moyens d'existence
sont mis en commun; et l'un peut être paresseux et
dissipateur, ruiner les autres en se ruinant lui-
même.

La justice dans les relations conjugales. — Qu'est-
ce à dire? Dans la famille, la solidarité est si étroite,
l'indépendance si profonde, que l'injustice y a des
contre-coups terribles et que l'équité y est plus né-

---

(1) C'est un préjugé très injuste et qui pèse lourdement sur la femme que
celui qui prétend que l'homme seul « fait vivre la famille », parce que son
travail seul est salarié. Mais les travaux du ménage sont aussi nécessaires à
la vie de famille, et parfois aussi rudes, bien qu'ils ne reçoivent pas un salaire au dehors.

(2) M. Hervieu, dans sa pièce *les Tenailles.*

cessaire que partout ailleurs. Sans elle, la communauté de moyens d'existence devient une exploitation ou une ruine de l'un par l'autre ; sans elle, l'affection fait place à la haine, ou devient tyrannique. L'injuste n'aime pas vraiment son semblable, ne désire pas son bien ; ce qu'il veut, c'est en être aimé, asservir sa volonté. L'esprit de justice, le respect des droits d'autrui, est la condition de toute affection vraiment morale, conforme à la raison. L'esprit de justice résume tous les devoirs des époux. Et c'est la justice que l'État doit faire régner au sein des familles, aussi loin que peut s'étendre l'action des lois.

Respect de la femme. — Pourquoi parler surtout de la justice due par l'homme à la femme ? C'est que la femme a toujours souffert et risque de souffrir le plus de l'injustice. L'homme est, par nature, le plus fort. Il a abusé de sa force pour faire de la femme un instrument de plaisir ou de travail. Quelle sauvage brutalité révèle dans une société antique cette simple inscription trouvée en Égypte : « J'ai envoyé « mes archers contre l'ennemi. Grand carnage. On « a rapporté 50.334 bœufs et 2.236 femmes » ! La femme a été, dans l'histoire, la créature sacrifiée et meurtrie. Il est bien vrai que la justice qu'on lui accorde indique le degré d'une civilisation, la victoire de la raison sur la force. Mais, malgré le progrès des lois, l'homme reste le plus fort : il est plus instruit, il trouve mieux à gagner son pain, l'opinion publique est moins sévère à ses fautes, il a moins de bonté naturelle. La femme reste plus désarmée et plus faible en dehors du mariage et dans le mariage même. La valeur morale d'un homme se mesure sur le respect qu'il a de la femme dans la famille et au dehors, sur le souci qu'il ressent de la vie et de la dignité de cette créature plus fragile.

Les conflits doivent être résolus non par l'autorité despotique de l'un, mais par la bonne volonté des deux. — Voici que, dans la vie commune, les deux époux se révèlent de goûts et de caractères différents. Tout est matière à conflit, les sujets les plus futiles, menu des repas, choix du logement, comme les plus importants, éducation des enfants, entreprises qui engagent la fortune ou l'honneur. Il est injuste que le plus puissant en fait impose par là même à l'autre sa volonté. Il serait injuste que la loi accordât à l'homme un pouvoir monarchique sur sa femme, qu'il pût disposer sans elle de son patrimoine et de l'avenir de ses enfants. Ils sont des égaux. Cependant, les conflits doivent avoir une solution et la loi ne peut régler d'avance tous les conflits possibles conformément à la justice. C'est aux deux époux à parvenir à l'entente à force de bonne volonté, de respect mutuel et de bonté. Un accord sans contrainte exige de chacun le sentiment profond que la volonté et les passions de l'autre ont autant de valeur que les siennes, et le désir de les satisfaire au même titre.

§ 3. Rôle social de la famille comme association chargée de l'éducation des enfants. — L'enfant vient au monde avec des besoins et aucun moyen de les satisfaire : il ne peut rien, il ne sait rien. L'enfant est l'*indigent* absolu. Qui va l'assister ? La famille. « Les époux, dit la loi, contractent par « le seul fait du mariage l'obligation de nourrir, en-

« tretenir et élever leurs enfants. » Les parents sont les auteurs de cette vie nouvelle; ils en sont responsables. On n'a même le droit de fonder une famille qu'autant qu'on sait avoir les moyens de l'entretenir. L'affection pour leurs enfants que la nature met au cœur des parents fait de la famille une société beaucoup mieux qualifiée que toute autre pour les élever. Comment trouver ailleurs la tendresse infinie, la patience, l'indulgence inépuisable? L'orphelin dont se charge la meilleure des sociétés particulières demeure toujours une victime du sort. Si bon qu'on soit pour lui, il est à plaindre; sa vie n'a pas d'aurore.

La justice dans les rapports des parents avec les enfants. — Cette affection naturelle suffit en général à assurer entre les parents et les enfants les rapports qu'exige la raison. Bien plus, elle leur fait le plus souvent dépasser leur devoir. Que de parents sacrifient leurs propres droits, usent leurs forces et leur vie pour faire la vie de leurs enfants! Et cependant l'affection peut manquer, elle peut être arbitraire. La raison même des parents peut être induite en erreur par la longue tradition qui, dans la famille, donnait au père un pouvoir presque absolu sur les siens. Il n'est donc pas inutile d'élucider le principe de justice qui doit être à la base de cette relation.

Le fait pur et simple d'avoir mis au monde des enfants crée aux parents un devoir, mais ne leur donne aucun droit. C'est à mesure qu'ils accomplissent leurs devoirs que naissent leurs droits; à mesure qu'ils donnent leurs forces, leur travail, pour élever leurs enfants, à mesure qu'ils sacrifient leurs propres jouissances, leur liberté, à mesure naissent pour les enfants les devoirs d'obéissance, de reconnaissance, de piété et d'assistance quand les parents en ont besoin à leur tour. Tout d'abord c'est l'enfant qui a des droits : les parents doivent l'élever pour lui-même. Ils doivent l'entretenir et lui donner les moyens de s'entretenir, par l'éducation de son corps et de son esprit ; ils lui doivent, dès que son âme est suffisamment façonnée, la liberté d'agir, la liberté d'avoir son opinion à lui.

L'éducation morale. Droit de la société. — Mais l'effort principal de l'éducation familiale doit être de former le cœur de l'enfant à la justice et à la bonté. C'est un devoir non seulement envers l'enfant, mais envers la société entière. La société a droit à ce que la volonté de l'individu se conforme à la vérité morale ; elle a donc le droit d'attendre de la famille qu'elle habitue dès l'enfance la volonté de l'individu au respect profond d'autrui.

Trop souvent l'esprit de famille manque à ce devoir. Que de fois les parents disent uniquement à leurs enfants : Réussissez, enrichissez-vous ; c'est-à-dire, prenez-vous comme centres du monde et ne vous préoccupez pas des autres.

Que de fois surtout la famille conserve et transmet la haine et l'intolérance ! Elle n'inculque pas seulement ses propres opinions à ces âmes sans défense, mais la haine des opinions ou des partis adverses ; elle ne leur apprend pas la beauté d'une croyance, mais la haine d'une croyance contraire ; elle ne leur enseigne pas le patriotisme, mais la haine de tel peuple étranger. L'esprit de famille, qui devrait révéler l'équité et l'amour, est trop souvent un esprit d'égoïsme et d'exclusion.

Ce que peut la famille. — Heureusement, il n'en est pas toujours ainsi. La plupart des hommes qui ont été grands par la justice ont proclamé avec sin-cérité qu'ils devaient à leur famille ce qu'il y avait de bon en eux. Marc-Aurèle note ceci dans ses pen-sées intimes : « Reçu de mon aïeul douceur de mœurs, « patience inaltérable ; de mon père, modestie et mâle « vigueur ; de ma mère, piété, bienfaisance. Non « seulement ne jamais faire le mal, mais n'en avoir « pas la pensée. » L'historien Edgar Quinet, qui fut un des plus nobles citoyens de notre pays, prononçait lui-même sur la tombe de sa mère ces paroles qui méritent d'être méditées : « Dans quelle école, dans « quel livre trouverai-je ce foyer de raison vivante, « de droiture morale, auquel je venais puiser sans « cesse ? Quel appui robuste dans tous les combats « de l'âme ! N'était-ce pas toi qui mettais dans mon « cœur le zèle de la vérité et de la justice sociale ? « N'étais-tu pas ma secrète armure dans toutes les « luttes de l'intelligence ? N'étais-tu pas mon conseil « assuré, ma force, ma conscience, ma lumière ? « Quand mon cœur se séchait pour le bien, où allais-« je puiser la vie nouvelle ? Chez toi. Qui me nour-« rissait de sa pensée ? Toi. Tu étais ma lumière, et « ma lumière s'est éteinte. »

§ 4. Le mariage. Sa consécration légale. — Comme nous l'avons vu, l'État pénètre dans la fa-mille : par des lois il protège les droits respectifs de ses membres ; par elles il consacre le mariage.

Devoir impérieux du mariage légal. — Le mariage est le contrat par lequel l'homme et la femme s'unissent pour fonder une famille. Mais c'est un contrat solennel, c'est-à-dire déclaré à la société avec engagement de se soumettre à ses lois. C'est pourquoi il a lieu publiquement devant le magistrat qui représente la société et les lois, et qui l'inscrit sur les registres de l'état-civil. Ceux qui ne font pas consacrer leur union sont gravement coupables, car ils échappent aux lois et peuvent se dérober aux devoirs qu'impose la solidarité familiale. L'homme peut abandonner lâchement la femme, briser son cœur et la livrer à la honte et à la misère, il peut délaisser les enfants dont il est responsable. Est-il résolu à remplir ses devoirs? Il n'en est pas moins coupable de ne pas prendre de garanties contre lui-même en se soumettant aux lois qui assurent la justice.

Mariage civil et mariage religieux. — Le croyant pense que l'accomplissement de ses devoirs est voulu par la volonté divine. Il a donc raison à son point de vue de faire célébrer religieusement son mariage, suivant les rites de son culte: il s'engage ainsi en présence du souverain juge.

Mais la puissance publique doit, nous l'avons vu, être laïque, indépendante des croyances religieuses particulières. Elle tire son autorité de la raison commune. C'est donc en pleine conformité avec des principes supérieurs que la Révolution a laïcisé le mariage légal: elle n'accorde de valeur qu'au mariage civil célébré devant le représentant de la société et non devant le représentant d'une église. Et le croyant sincère doit admettre le bien-fondé de cette institution. Ce serait un étrange aveuglement si le respect qu'il porte au mariage religieux diminuait son respect pour le mariage civil. S'incliner devant la volonté divine, c'est croire que cette volonté est juste et n'ordonne que ce qui *en vérité* est bon. Mais c'est aussi au nom de la vérité, reconnue nécessairement comme telle par la raison de tous, que la société impose des obligations. A la mairie aussi profondément qu'à l'église, le croyant doit sentir la majesté de cette vérité qui est une source de devoirs.

Le mariage et la fidélité conjugale. — Le cœur de l'homme et de la femme est ainsi fait que chacun désire être l'objet exclusif de l'amour de l'autre. Si l'un des conjoints disperse son amour, c'est pour l'autre la plus cruelle meurtrissure et le plus grave outrage à sa dignité. Désir d'autant plus impérieux que l'âme humaine est plus délicate et plus pénétrée de sa valeur. La polygamie ne reste possible que dans les pays où la femme garde une âme d'esclave.

Mais si chacun demande cet amour sans partage, il doit satisfaire au même désir de l'autre. La justice exige la monogamie. La loi, dans tous les pays civilisés, consacre ce principe: l'homme ne peut avoir en même temps deux épouses, ni la femme deux époux, et les deux contractants doivent s'engager solennellement à rester fidèles l'un à l'autre. C'est bien là en général l'engagement fondamental du mariage: sans lui, aucun des deux contractants n'eût consenti à s'unir à l'autre. L'infidélité est donc la pire des injustices, celle qui manque à la promesse essentielle, celle qui le plus souvent brise la vie et meurtrit le cœur. La loi. en en faisant un cas de divorce, en reconnaît la gravité.

7.

Questionnaire :

1. Pourquoi est-il utile qu'il y ait des sociétés particulières ? — 2. Pourquoi la famille a-t-elle perdu peu à peu de ses fonctions sociales ? — 3. Citer des lois par lesquelles l'état pénètre dans la famille pour y faire régner la justice. — 4. Quelles sont les conditions naturelles d'affection qui n'existent que dans la famille? — 5. Expliquer ce mot d'un moraliste : « Le mariage fait nécessairement le bonheur ou le malheur de la vie. » — 6. Pourquoi la pratique de la justice est-elle plus nécessaire dans la famille que dans toute autre association ? — 7. Pourquoi la consécration légale du mariage est-elle nécessaire ?

CHAPITRE XIII

§ 1. Le travail est un devoir social. — La justice nous commande le travail, conséquence déjà tirée
de notre étude sur la solidarité. Les biens de la vie
ne sont point produits sans effort. Celui donc qui a
une part de ces biens et ne travaille pas, exploite,
peut-être d'ailleurs sans le savoir, le travail de ses
semblables.

Cette vérité se manifeste surtout dans la consommation des richesses. Se nourrir, se vêtir, c'est pour
ainsi dire dévorer du travail humain. Mais il est des
biens qu'on ne consomme pas à proprement parler,
dont on use seulement sans en diminuer la quantité.
Ainsi nous profitons de la sécurité publique, nous
nous instruisons, sans diminuer pour cela la part de
sécurité ou de science de nos semblables. Mais
cette science et cette sécurité coûtent du travail aux
gendarmes, aux magistrats, aux savants, à la nation
qui les entretient. L'oisif qui en bénéficie reçoit là,
sans le rendre, un service de ses semblables, ce
qui n'est pas juste.

L'aversion du travail, source d'injustice. — Le
travail musculaire ou intellectuel est en général une
peine, un effort, car il correspond à une dépense de
force, à un épuisement du corps. C'est pourquoi les
hommes ne l'aiment pas, et s'en déchargent d'autant
plus les uns sur les autres que le droit règne moins
dans la société. L'aversion du travail est une des

plus grandes sources d'injustice. Dans toutes les sociétés antiques, le citoyen libre fait travailler des esclaves, parfois l'homme fait travailler la femme. Les castes qui ont le pouvoir abandonnent les travaux les plus pénibles aux castes asservies. C'est là un fait historique très général; et il y faut chercher l'origine de ce préjugé si tenace qui tend à considérer les travaux manuels comme moins honorables.

Préjugé à l'égard du travail manuel. — De nos jours, ce préjugé n'est pas encore déraciné. Autrefois un gentilhomme qui se faisait artisan était déshonoré et mis au ban de sa caste. Mais aujourd'hui encore un homme qui occupe un certain rang social ne craindrait-il pas de se déclasser s'il prenait un métier manuel? N'aurait-il pas honte de porter lui-même sa malle dans la rue? Ne sommes-nous pas surpris quand on nous apprend que dans les universités américaines de jeunes étudiants, pour gagner leur vie, servent à table, cirent les souliers, et n'en sont point déconsidérés? Les nobles annamites laissent leurs ongles pousser et s'enrouler en spirale pour bien montrer qu'ils ne travaillent pas de leurs mains. N'est-ce pas un peu dans cette intention que nous portons des gants?

Pourquoi ce préjugé absurde? Parce que le travail manuel développe moins les qualités supérieures de l'esprit? Nullement. Mais c'est que depuis longtemps il fut réservé aux hommes d'un rang social inférieur, qu'on méprisait.

La fortune n'excuse pas l'oisiveté. — Dans nos sociétés civilisées, nul ne peut plus contraindre par la violence ses semblables à travailler pour lui. Il n'y a plus d'esclaves. Mais un homme peut vivre complètement oisif, s'il a, comme on dit, des rentes, s'il possède de la fortune. La loi le lui permet; mais que dit sa raison, qui révèle le vrai devoir? Sans doute il paye pour tous les biens dont il jouit; il cède en échange de ce qu'il reçoit des richesses qui lui appartiennent.

En apparence il ne lèse personne. Mais ce que nous avons dit (ch. ix), suffit à déceler l'illusion. En effet, les richesses avec lesquelles il paie lui appartiennent sans qu'il les ait acquises par du travail. Et c'est là qu'est l'injustice : ne pas justifier par du travail la possession que l'on a d'une certaine part de richesses, et ne rendre en définitive aucun service en échange des services reçus. L'oisif, s'il réfléchit profondément sur son existence, doit donc sentir qu'il est injuste, à charge à ses semblables. Une comparaison s'impose si bien à l'esprit quand on songe à son cas, que nous la trouvons déjà dans la bouche du vieux poète grec Hésiode : « Les oisifs ressem-
« blent à ces frelons qui consomment le fruit du
« travail des abeilles. Le travail te rendra plus cher
« aux hommes et aux dieux, car ils ont horreur de
« l'oisif. »

Emploi utile de l'oisiveté. — Il faut cependant bien entendre ce que nous disons. Une oisiveté absolue, une vie complètement inutile est injuste. Mais il ne s'ensuit pas que l'homme qui a les moyens de vivre oisif soit tenu d'avoir une profession au sens étroit du mot, c'est-à-dire d'avoir un travail lucratif, rémunéré. C'est encore un préjugé de croire qu'on doit, comme on dit, « gagner sa vie », et qu'on est inutile dès qu'on n'est ni médecin, ni cultivateur, ni forgeron.

Il est en effet une multitude de travaux plus ou moins directement utiles à la société et qui ne trouvent pas en elle de rémunération (1). L'homme assez riche pour se passer d'une occupation payée trouve là un emploi utile de son oisiveté. Il a mille moyens de rendre à ses semblables des services dont d'autres moins fortunés ne pourraient se charger. Ainsi la science a semblé longtemps un jeu d'esprit, une sorte d'art réservé aux oisifs et sans eux elle ne se serait pas faite. Les fonctions politiques sont le plus souvent gratuites et pourtant n'est-il pas indispensable au bien public que des hommes désintéressés consacrent leur temps aux affaires de leur cité? Il est des fonctions qu'on pourrait appeler philanthropiques : quoi de plus utile, mais aussi quoi de plus absorbant que de s'occuper d'une œuvre de charité, de fonder une société de secours mutuels? Or, ce ne sont point là des occupations rémunérées. Ces exemples suffisent. Nous pouvons dire que la société a *besoin* d'hommes oisifs, à condition que cette oisiveté ne consiste pas à ne rien faire, mais à se livrer, puisqu'ils ont la vie assurée, à des occupations gratuites.

§ 2. La profession comme fonction sociale. — Nous devons travailler pour vivre sans que notre vie soit à la charge de nos semblables. Mais quels sont les travaux où peut s'employer notre activité?

---

(1) On peut même ajouter ceci : Les occupations rémunérées étant, comme nous l'avons vu, trop rares eu égard au nombre de ceux qui en ont besoin, l'homme fortuné ferait souvent bien de les laisser aux autres pour se livrer à des travaux utiles, mais non rémunérés.

Influence de la division du travail sur la nature de nos travaux. — Nous avons déjà parlé de ce grand fait de la division du travail. Elle a deux conséquences importantes. Elle *spécialise* notre activité : chacun se livre à une occupation particulière ; on est médecin, pharmacien, herboriste. Mais surtout cette division *rend notre activité utile aux autres*. L'individu ne produit pas ce qui satisfait ses besoins propres ; il ne fait pas du vin s'il aime le vin, de la bière s'il aime la bière. Il tend à produire ce qui satisfait les besoins des autres aussi bien que les siens, quelquefois même ceux des autres et non les siens. Le forgeron fabrique des charrues dont il ne se servira pas. Il est vrai qu'il mange le pain qu'elles contribuent à produire. Mais son voisin le coiffeur serait incapable de se couper lui-même les cheveux ; son labeur sert donc directement à ses semblables, non point à lui. Le commissaire de police produit, si l'on peut ainsi parler, de la sécurité publique dont il profite aussi bien que les autres. Mais voici un ouvrier qui fabrique des bagues dont il n'ornera jamais ses doigts. L'individu travaille pour vivre. Mais son labeur satisfait les besoins qui se trouvent chez les autres aussi bien qu'en lui, les besoins qui se trouvent dans la société.

Les diverses professions. — Nous pouvons comprendre maintenant ce que sont les diverses professions qui s'offrent à l'individu. Elles sont des travaux spécialisés et des fonctions sociales. Elles tendent à satisfaire non les besoins de l'individu qui s'y livre, mais des besoins qui se sont manifestés dans l'individu. A propos de chaque profession, on peut se demander à quoi elle sert ; et on trouvera toujours que, puisqu'elle existe, c'est qu'elle rend quelque service à la société.

Considérons par exemple le rôle du commerce. Le commerçant recherche et se procure des produits et les tient à la disposition de celui qui en a besoin. Il épargne ainsi au producteur et au consommateur les difficultés qu'ils auraient à se connaître et à s'entendre. C'est grâce à lui qu'une région ne regorge pas de blé tandis qu'une autre en manque, que telle époque de l'année n'a pas excès et telle autre disette. Il tient les marchandises en magasin, prévoit les besoins futurs, hausse et baisse les prix en conséquence. Il achète en gros, vend au détail, alors que le producteur et le consommateur feraient malaisément concorder les qualités que le premier offre et que le second demande. Bref, le commerce met en relation les produits et les besoins : c'est là son rôle, et, si l'on se rappelle ce que nous avons dit du mot fonction (ch. II) qui désigne aussi bien le rôle utile d'un organe pour le corps que le rôle utile d'une classe d'individus pour la société, nous dirons que le commerce est une fonction sociale.

Professions publiques et professions privées. — On réserve généralement le nom de fonctions aux professions publiques. Un professeur de l'Université, un magistrat sont des fonctionnaires, et on n'appelle pas ainsi un forgeron, un médecin, un avocat, un commerçant. Qu'est-ce donc qu'une profession publique? C'est une profession que la société institue et qu'elle rémunère afin de pourvoir à certains de ses besoins, au lieu de laisser les particuliers la créer eux-mêmes sous leur propre responsabilité, au risque de n'y point trouver de rémunéra-

tion. Mais les professions privées n'ont-elles pas avec
la société le même rapport d'utilité que les professions publiques? Le magistrat sert à assurer l'application des lois, il fait régner la justice et la sécurité.
Mais un médecin ne sert-il pas à faire régner la
santé, et n'est-il pas, si l'on peut dire, le fonctionnaire de la santé publique? L'économe d'un lycée ou
d'un hôpital est un fonctionnaire chargé de rechercher des produits pour pourvoir aux besoins des élèves ou des malades. Mais le commerçant, nous l'avons
vu, a une fonction analogue à l'égard de ses clients.
Il est l'économe de sa clientèle. Il reste donc vrai
qu'à bien prendre les choses, les professions privées
sont, elles aussi, des fonctions sociales.

**Utilité sociale plus ou moins grande des diverses
professions.** — Toutes les professions ne sont pas
également utiles, ne sont pas toutes des fonctions
sociales au même titre. Il en est même de nuisibles.
Elles satisfont pourtant à des besoins très généraux,
communs à beaucoup d'hommes; mais ces besoins
auxquels elles répondent sont mauvais. Hésitera-
t-on à ranger parmi les professions nuisibles toutes
celles qui favorisent l'alcoolisme? Il vaudrait mieux
qu'elles n'existassent point; mais qui est le plus
responsable de leur existence? Ceux qui exercent
ces professions et sollicitent la passion mauvaise?
ou ceux qui saisis par cette passion veulent la satisfaire?

Il est encore des professions peu utiles pour la
société parce qu'elles naissent de besoins très superficiels. Certes, il est heureux que des milliers et
des milliers d'ouvrières de Flandre et d'Auvergne
trouvent à s'occuper dans la fabrication des den-

telles, puisqu'elles y gagnent leur vie. Mais il est évident que la société pourrait se passer de leur travail sans en trop pâtir ; et il vaudrait peut-être mieux qu'un labeur si considérable et si patient fût employé à des besognes plus urgentes. Et s'il fallait chercher pourquoi la société possède des professions qu'on pourrait presque dire superflues, nous en trouverions l'une des causes dans l'extrême inégalité des fortunes. Car ceux qui possèdent beaucoup peuvent satisfaire des besoins très superficiels et rémunérer pour cela du travail professionnel.

Nous dirons donc que les professions les plus utiles socialement sont celles qui tendent à satisfaire les besoins les plus généraux et les plus nécessaires. Seulement l'appréciation est difficile et l'on risque de se tromper lourdement en évaluant la nécessité des besoins. Il est certain qu'un médecin, un forgeron, un boulanger ont des fonctions sociales indispensables, tout autant qu'un magistrat ou un collecteur d'impôts. Mais la poésie, la musique, toutes les formes de l'art, ne sont-elles pas également nécessaires à l'âme humaine, et n'a-t-on pas été jusqu'à dire qu' « un seul beau vers a fait plus de bien au monde que tous les chefs-d'œuvre de la métallurgie ? »

Questionnaire :

A. *Obligation morale du travail.* — 1. Quelle est l'origine du préjugé qui tend à considérer les travaux manuels comme moins respectables ? Ce préjugé a-t-il complètement disparu ? Pourquoi appelle-t-on libérales certaines professions ? — 2. Citer des biens dont nous ne pouvons user sans les consommer et des biens dont nous pouvons user sans les consommer. Est-il juste que nous usions des uns ou des autres sans produire en retour aucun travail ? — 3. Citer des services sociaux indispensables qui ne sont pas rémunérés et dont les hommes qui ont de la fortune peuvent seuls se charger.

B. *Les professions*. — 1. Que faut-il entendre par fonction sociale? — 2. Expliquer pourquoi presque tous nos travaux sont des fonctions sociales? — 3. Citer des fonctions sociales laissées à l'initiative privée et des fonctions sociales que la société a organisées. — 4. Quelles sont les professions qui vous paraissent les plus nécessaires à la société?

Lecture.

La Grève et l'état de paix.

Il ne peut pas y avoir de discussion sur la *légalité* (1) du droit de faire grève, puisque ce droit est aujourd'hui consacré par les lois de presque tous les pays civilisés.

Il semble aussi qu'il ne puisse pas y avoir de discussion sur sa *légitimité*, au point de vue du droit naturel ou du droit social (2), car n'est-il pas évident que tout homme a le droit de travailler ou de ne pas travailler, comme de ne travailler qu'aux conditions qui lui agréent? La liberté du travail n'est rien, si elle n'est pas cela. L'agriculteur qui a du vin à vendre, la marchande de poisson à la Halle ont bien le droit de refuser de vendre leur vin ou leur poisson, comme aussi d'en demander un prix absurde : ils risquent de ne pas trouver d'acheteurs, cela les regarde. De même pour l'ouvrier : sa marchandise à lui, c'est son travail : il la vend ou ne la vend pas, il en demande tel prix que bon lui semble ; si le prix est excessif, il ne trouvera pas d'emploi ; c'est son affaire. Quant au fait de s'entendre dix, cent, mille pour refuser le travail ou en demander un certain prix — ce qui constitue, à proprement parler, la grève — cette circonstance ne saurait changer la nature du droit individuel...

------

(1) C'est-à-dire sur la question de savoir si, d'après les lois, des travailleurs peuvent faire grève. Depuis un demi-siècle, en effet, la loi française le permet.

(2) Entendons qu'on doit reconnaître que cette faculté de faire grève est légitime si on se place au point de vue du droit qui, par la raison, appartient à l'individu (droit naturel) et que la société doit lui garantir (droit social).

Cependant regardons-y de plus près. Il est un cas dans lequel le droit de grève n'est généralement pas admis et est même frappé de pénalités assez sévères, du moins dans la loi française : c'est le cas des fonctionnaires publics. Et on étend même assez généralement cette exception prohibitrice aux employés des services publics : la question s'est posée, l'été dernier, à propos de la grève des facteurs des postes : elle s'est même posée à propos des chemins de fer, quoique les chemins de fer ne soient pas un service d'Etat.

Or, pourquoi cette exception ? Il est particulièrement intéressant de le rechercher. C'est évidemment parce que l'on considère que les fonctionnaires et employés de l'Etat font un travail qui a un caractère d'utilité sociale, qu'ils exercent, comme leur nom même l'indique, une *fonction* sociale. C'est aussi parce que l'on considère qu'ils ont pris vis-à-vis de l'Etat un véritable engagement contractuel : l'Etat s'est engagé à leur donner un certain salaire, un traitement pendant toute leur vie, convertible en pension de retraite à partir d'un certain âge : eux se sont engagés à fournir en échange un travail d'une nature déterminée. tant de leçons par semaine ou tant d'heures de bureau. C'est un contrat qui lie les deux parties, comme un bail entre propriétaire et locataire, et qui, généralement même, est consacré par un serment solennel. Quand on installe un fonctionnaire on lui fait prêter serment : que jure-t-il? de remplir fidèlement ses engagements. Le fonctionnaire est libre sans doute de se retirer quand il veut, parce que la loi n'admet pas les engagements perpétuels. mais il n'est pas libre de modifier les conditions du contrat.

Mais alors voici la réflexion bien simple qui s'impose. Pourquoi cette exception n'est-elle pas généralisée et ne devient-elle pas la règle? Est-ce que le travail de chaque homme n'a pas une utilité sociale, le travail de laboureur ou de boulanger, autant que le travail de professeur ou de magistrat? Est-ce que chacun de nous, même dans le plus humble métier, n'exerce pas une véritable fonction sociale? Et pourquoi le contrat de salaire ne créerait-il pas aussi des engagements réciproques et qu'il ne serait pas permis de rompre sans manquer à la bonne foi? N'est-il pas un contrat dans le sens juridique de ce mot et faut-il la solennité d'un serment purement formel pour lui donner force obligatoire ?

Vous voyez que l'aspect de la question change du tout au tout. C'est la vision d'un ordre social nouveau dans lequel le droit de grève cesserait d'être légitime parce que la solidarité y aurait remplacé l'individualisme.

Aujourd'hui la grève est légitime parce qu'elle est la manifestation et la consécration d'un état économique fondé sur certains principes tels que ceux-ci :

1º La Société est composée d'individus ayant pour centre et pour lien un marché :

2º Chaque individu est propriétaire absolu de sa chose;

3º Chaque chose est une marchandise qui n'a d'autre destination que d'être portée au marché pour être vendue et dont la valeur se règle suivant la loi de l'offre et de la demande.

4º Le travail est une chose aussi, une marchandise aussi : il n'a d'autre destination que d'être vendu sur le marché et sa valeur est réglée aussi par la loi de l'offre et de la demande (1).

Mais la grève ne serait plus légitime si nous nous plaçons par la pensée dans un régime économique fondé sur d'autres principes, tels que ceux-ci :

1º La société est une association coopérative (2);

2º Chaque individu exerce une fonction sociale au sein de cette association;

3º Chaque travail consiste dans un service rendu, dans un apport dont la valeur est fixée par le contrat d'association (3)...

Que deviendra la liberté sous ce régime, objectera-t-on

---

(1) Le travailleur vend la chose qui lui appartient, savoir son travail. Le prix de cette marchandise (c'est-à-dire le salaire) est fixé par la loi de l'offre et de la demande : si beaucoup de travail est demandé, les salaires montent. Si beaucoup de travailleurs offrent leur travail, et qu'il y ait peu d'emplois, es salaires baissent.

(2) Une association dont tous les membres coopèrent à la vie commune.

(3) C'est-à-dire que la rémunération du travail changera au gré de l'offre et de la demande ; mais elle sera fixée suivant ce qui paraîtra le plus juste (par exemple la quantité de travail fourni, l'habileté du travailleur, etc.)

sans doute ? La liberté consiste en ceci que chacun sera libre d'entrer dans l'association ou d'en sortir, d'accepter sa fonction ou de la refuser, mais non de rompre à son gré.

(Charles Gide, professeur à la Faculté de droit de Paris. *Bulletin de l'Union* pour l'action morale, 15 février 1900.)

CHAPITRE XIV

Les vertus professionnelles. — L'esprit d'initiative

La profession n'est pas utile seulement à celui qui l'exerce; elle sert aux autres membres de la société. Les devoirs professionnels sont donc des conséquences directes de nos devoirs généraux envers

⁖ Tout ce qui peut améliorer les conditions d'une profession ou en accroître les résultats bienfaisants est à l'avantage de l'individu et de la société.

§ 1. — Les vertus professionnelles. — La profession est un engagement à servir. Elle exige des qualités différentes selon ses innombrables formes, mais aussi des vertus générales qu'on doit observer, quel que soit le métier qu'on a pris.

Du choix d'une profession. — Il serait plus utile à la société, et préférable pour le bonheur de l'individu, que chacun choisît une profession conforme à ses aptitudes et à ses goûts. Mais il est souvent difficile de trouver un métier et d'insérer son travail dans la mécanique sociale.

Et ce ne sont presque jamais nos goûts ni nos aptitudes qui en décident, mais plutôt nos besoins. Nous devons obéir aux circonstances qui souvent nous sont inexorables. Tel serait un bon médecin, qui doit se hâter vers quelque emploi de commerce pour gagner plus tôt sa vie ; tel autre aurait l'esprit d'aventure et l'énergie d'un explorateur ou d'un officier d'armée coloniale, qui doit devenir notaire parce que son père lui laisse une étude. Ne nous plaignons pas trop d'ailleurs. L'habitude bienfaisante est là qui développe notre talent et notre goût pour notre métier, pourvu que nous le prenions en conscience. Contentons-nous de souhaiter que des parents malavisés ne détournent pas inutilement leurs enfants d'une vocation manifeste, et qu'on ne voie plus de père, avec un orgueil prématuré, destiner son fils, à peine âgé de sept ans, « à l'école polytechnique ».

Il y a d'ailleurs une sorte d'assistance publique à observer à l'égard de ceux dont l'état de fortune ne permet pas d'aborder une profession conforme à leurs réelles aptitudes. L'État et la bienfaisance privée y concourent en ouvrant des écoles gratuites et en créant des bourses. Ainsi on remédie un peu à la rigueur des événements.

Devoirs professionnels. — Les devoirs généraux qu'on doit observer dans chaque profession se résument en ce précepte :

L'individu doit *prendre conscience du rapport de sa profession à la société et agir en conséquence.* Sa profession, nous l'avons vu, a le plus souvent une utilité sociale. Et en retour la société le fait vivre. C'est donc surtout par sa profession qu'il peut collaborer aux grandes fins collectives, contribuer à la vie commune et rendre à la société autant qu'il en a reçu.

Devoirs du fonctionnaire public et du fonction-

naire privé. — Le fonctionnaire public, le magistrat, le professeur, l'administrateur, reçoit une rémunération fixe que la société prélève sur l'impôt.
Tout le monde, même le pauvre, doit payer une certaine somme à cet effet. Or, que peut-il arriver?
C'est que le fonctionnaire, campé pour ainsi dire
dans cette situation dont il est assuré, travaille sans
ardeur; il ne s'efforce pas d'accroître son habileté,
il ne s'ingénie pas à satisfaire les besoins du public.
Il est sûr d'être payé. Ou bien, ayant simplement
rempli son devoir, il exige des honneurs ou des
distinctions. Parfois, désappointé, il pense : « Que
m'ont rapporté mon travail et mon zèle? Je n'ai pas
reçu de mes chefs le moindre encouragement, ni la
moindre faveur. Je serais bien bon de continuer à
prendre tant de peine. » S'il agit ainsi, le fonctionnaire oublie qu'il est là pour servir la société, qu'il
ne lui est rien dû s'il n'a fait son devoir, et que l'honnête homme est content de l'avoir accompli.

La plupart des professions privées nous sont ap-
parues comme des fonctions sociales. En ce sens on
peut dire que le boucher, l'épicier, le médecin sont
des fonctionnaires rivés. Eux aussi reçoivent de la
société une rémunération. Les honoraires du médecin ou de l'avocat, les profits du commerçant les dé-
dommagent de leur labeur. Mais comme cette rémunération n'est pas assurée, on n'aperçoit pas
tout de suite parfois le lien qui rattache la
profession privée à la société. On est souvent
porté à croire e l'homme qui exerce une profession privée n'a d'autre but à atteindre que la
satisfaction de son intérêt propre. On croit que le
marchand n'a d'autre mission que d'amasser le plus

possible. Mais c'est là rabaisser par ignorance la dignité de sa profession et méconnaître ses devoirs. Sans doute le fonctionnaire privé ne doit pas négliger son intérêt particulier, puisqu'il n'a pas de traitement certain et est exposé à des risques. Mais il doit penser au rôle qu'il est appelé à jouer et ne pas chercher à retirer un profit disproportionné avec le service qu'il rend. Un commerçant fait bien ses affaires, gagne largement sa vie en vendant à sa clientèle de bonne marchandise. Mais comme il n'a pas à redouter de concurrent, il s'aperçoit qu'au même prix il pourrait en vendre de la mauvaise. S'il a conscience de la dignité de sa profession, de la fonction sociale qu'il remplit, il doit penser moins à son profit qu'aux besoins de la société, c'est-à-dire de sa clientèle. Un libraire arrivé à la fortune qui consacre des ressources à publier des livres de science, même s'il est assuré de n'y trouver ni profit ni honneur, comprend et remplit sa fonction.

Quelque profession que l'on ait, il est bon de se rappeler que les grands inventeurs dans les sciences, les réformateurs du monde n'ont reçu leur vie durant que des marques d'ingratitude et des affronts.

Chercher sa récompense en soi-même. — Mais ces hommes éminents ont trouvé leur récompense dans le contentement intérieur, dans la satisfaction de leur conscience. Ils n'ont point demandé de récompenses extérieures, eux qui les méritaient. Combien d'autres pourtant exigent des décorations pour avoir seulement bien rempli les devoirs de leur profession! Il faut s'habituer à ne pas considérer la vertu comme quelque chose d'exceptionnel, car, à chaque degré de l'échelle sociale, on peut et on doit montrer des vertus professionnelles.

Par là on comprend qu'il n'est pas de métiers plus estimables les uns que les autres, que les professions dites libérales ne sont pas plus honorables que les professions manuelles. « Une profession libérale
« vaut exactement ce que vaut celui qui l'exerce.
« Un médecin médiocre, un avocat à la douzaine
« (nous savons par quel petit effort d'esprit on peut
« devenir docteur en droit), un littérateur sans ta-
« lent est un être beaucoup moins intéressant et de
« bien moindre valeur sociale, je ne dis pas qu'un
« industriel intelligent, mais même qu'un bon fer-
« mier, un commerçant habile et loyal, un bon
« ouvrier d'art, un menuisier adroit, un maçon
« sérieux. » (1).

§ 2. **L'esprit d'initiative.** — Parmi les vertus professionnelles, il en est une particulièrement bienfaisante parce qu'elle est ouvrière de progrès : c'est l'esprit d'initiative.

L'initiative est l'invention et l'emploi de moyens nouveaux pour satisfaire certains besoins. Elle est de tous les domaines. C'est une invention scientifique, comme celle des ingénieux instruments de la physique ; c'est une invention industrielle, comme celles des machines à vapeur, procédant de l'observation de la marmite de Papin ; c'est une invention commerciale, lorsque quelqu'un imagine de faire venir certains produits d'un pays lointain. Il fait preuve d'initiative celui qui monte un magasin où

____

(1) Jules Lemaître, *Opinions à répandre.*

il y a de tout et qui, par l'étendue de sa vente, peut vendre à meilleur marché. C'est encore de l'initiative que de créer une nouvelle forme d'art ou d'inventer une nouvelle forme de crédit. Le progrès, dans toutes les branches d'activité, le progrès général humain se fait par une multitude de petites initiatives.

L'initiative doit être utile à tous. — Il est évident que l'initiative n'est un bien qu'autant qu'elle procède d'une intention louable. Et sans doute elle est utile à l'individu qui la prend. Et il est bon qu'il en soit ainsi, non seulement parce qu'il y trouve sa récompense, mais parce qu'il est soutenu dans ces efforts par l'espoir de cette récompense.

Mais l'initiative n'est admirable qu'autant qu'elle ne tend pas uniquement à la fortune de l'individu. Un homme qui invente des manœuvres de génie pour étrangler ses concurrents ne rend service qu'à lui-même. Il doit songer au bien que peut procurer à la société son invention ou son idée et ne pas exploiter ses semblables avec elle. Les plus beaux exemples d'initiative sont ceux des inventeurs désintéressés ; c'est celui de Jacquard cherchant dans la construction d'une machine à tisser le soulagement de toute une corporation ; celui de Bernard Palissy sacrifiant sa fortune et sa santé à la création d'un nouvel art.

Ce que suppose l'initiative. — L'exercice des fonctions publiques laisse trop peu de place à l'initiative. Lié par des règlements qui fixent ce qu'il doit faire, celui qui les exerce n'a pas intérêt à innover. Il ne peut même le faire sans risquer de détraquer toute la machine administrative. Le fonc-

tionnaire privé y a au contraire intérêt. La concurrence l'oblige à chercher à satisfaire les besoins
mieux que les autres. Mais l'esprit d'initiative qui
est la pensée toujours éveillée à la recherche du
nouveau et du mieux, demande de rares qualités.
Il suppose de l'imagination inventive, pour saisir la
réalité des besoins et découvrir un procédé capable
de leur donner satisfaction. Il exige du courage : il
en faut au commerçant qui risque sa fortune dans
une entreprise ; il en faut aux innovateurs pour résister aux colères des gens qui se croient lésés dans
leurs intérêts ; témoin Fulton, l'inventeur du bateau
à vapeur, dont l'œuvre fut détruite par des bateliers
irrités ; il en faut aux pionniers de la science, aux
chimistes à la recherche de substances nouvelles,
aux promoteurs de la navigation aérienne. L'initiative demande encore l'indépendance d'esprit qui résiste à la routine, qui désarme les préjugés. Et comme
toute initiative peut être féconde en conséquences
imprévues, il y faut apporter une grande probité.

A cette condition, la moindre innovation sera salutaire. On ne peut calculer d'avance toute la portée
de ses actes. Mais on peut être assuré que l'initiative la plus humble, pourvu qu'elle ait un but honnête et qu'elle emploie des moyens louables, est un
effort bienfaisant, parce qu'elle sert « l'œuvre divine
du progrès. » (RENAN).

Questionnaire :

1. Pour quelle raison ne peut-on pas souvent prendre la profession pour laquelle on a le plus d'aptitude ? — 2. Est-ce qu'un
homme qui a une profession privée n'est pas rémunéré par la
société comme un fonctionnaire public ? — 3. Est-il vrai qu'un
homme qui a une profession privée n'a pas d'autre but à pour-
suivre que de s'enrichir ? — 4. Qu'est-ce que l'initiative ? — 5. Pour-

quoi l'initiative est-elle difficile dans les fonctions publiques ? Pourquoi est-elle plus nécessaire dans les professions privées ? — 6. Quelles sont les qualités que suppose l'initiative ?

Lecture.

Le Forgeron.

... Jamais le Forgeron ne se plaignait. Je l'ai vu, après avoir battu le fer pendant des journées de quatorze heures, rire le soir de son bon rire, en se frottant les bras d'un air satisfait. Il aurait soutenu la maison sur son épaule, si la maison avait croulé. L'hiver, il disait qu'il faisait bon dans sa forge. L'été, il ouvrait la porte toute grande et laissait entrer l'odeur des foins. Quand l'été vint, à la tombée du jour, j'allais m'asseoir à côté de lui, devant la porte. On était à mi-côte ; on voyait de là toute la largeur de la vallée. Il était heureux de ce tapis immense de terres labourées, qui se perdait à l'horizon, dans les lilas clairs du crépuscule.

Et le Forgeron plaisantait souvent. Il disait que toutes ces terres lui appartenaient, que la forge, depuis plus de deux cents ans, fournissait des charrues à tout le pays. C'était son orgueil ; pas une moisson ne poussait sans lui. Si la plaine était verte en mai et jaune en juillet, elle lui devait cette soie changeante. Il aimait les récoltes comme ses filles, ravi des grands soleils, levant le poing contre les nuages de grêle qui crevaient. Souvent il me montrait au loin quelque pièce de terre qui paraissait moins large que le dos de sa veste et il me racontait en quelle année il avait forgé une charrue pour ce carré d'avoine ou de seigle. A l'époque du labour, il lâchait parfois ses marteaux ; il venait au bord de la route : la main sur les yeux, il regardait la famille nombreuse de ses charrues mordre le sol, tracer leurs sillons, en face, à gauche, à droite. La vallée en était toute pleine. On eût dit à voir les attelages filer lentement, des régiments en marche. Les socs des charrues luisaient au soleil, avec des reflets d'argent. Et lui levait les bras, m'appelait, me criait de venir voir quelle « sacrée besogne » elles faisaient.

(EMILE ZOLA. *Le Tambourin*, de juillet 1889.)

CHAPITRE XV

Si l'individu, en naissant, se trouve faire partie d'un petit groupe social, la famille, il appartient aussi à un groupe autrement considérable, la nation. c'est donc encore pour l'individu une association *naturelle*, en ce sens qu'il ne la crée pas, ne la choisit pas. L'air, l'eau, la terre sont son milieu physique naturel. La nation est son milieu social naturel, celui où il vit et dont il vit, où il agit et qui agit sur lui.

Qu'est-ce donc que la nation, ou plus exactement qu'est-elle pour l'individu ? qu'en reçoit-il ? et quels devoirs a-t-il envers elle ?

§ 1. La nation est une «grande solidarité». C'est ainsi qu'un des plus grands penseurs de notre temps, Renan, définit la nation. Mais il importe de bien saisir son idée.

La vie sociale n'est pas limitée à la nation. — Il ne faudrait pas croire que les frontières marquent pour les habitants d'un pays les limites de la solidarité, et que chaque peuple se suffise à lui-même et ne collabore pas avec les autres. S'agit-il de produire des richesses, la division du travail s'étend à toutes les contrées, et les minerais et les machines, les vins et les tissus s'échangent de pays à pays. La Normandie et la Bretagne approvisionnent chaque matin les marchés anglais de beurre, d'œufs et de volailles. Il en est de même pour la science: elle est faite véritablement en commun par les savants du monde entier et l'écolier qui, dans nos classes, épelle les éléments de la physique enrichit son esprit des découvertes venues de tous les points de l'horizon ; il ne profite pas seulement du travail de tous les savants, mais des sacrifices consentis par toutes les nations pour les entretenir. Les artistes de tous les pays s'inspirent aussi les uns des autres ; l'influence de Gœthe ne s'est pas limitée à l'Allemagne. Ainsi la solidarité, telle que nous l'avons décrite, déborde les frontières ; elle retient dans ses réseaux les hommes de toutes les nations et les fait collaborer à presque toutes les fins de la vie. Nos expositions universelles, où l'industrie du monde entier apporte ses produits, où tous les savants, assemblés en congrès, échangent et discutent leurs idées, ne sont-elles pas des symboles qui rendent sensible à l'imagination cette collaboration du genre humain ?

Mais la solidarité est plus étroite dans la nation. — L'individu est plus ou moins lié aux hommes des autres pays. Mais une solidarité infiniment plus complexe et plus forte l'unit à ses compatriotes, à ceux du passé comme à ceux du présent ; et c'est cette solidarité qui constitue la nation.

La nation association de défense et de protection commune. — Puisqu'il y a en fait plusieurs nations et qu'elles sont portées comme des individus à être agressives et injustes, chacun a besoin d'être défendu contre l'empiètement des nations étrangères. C'est la sienne qui le défend. Cette fonction de défense a été la plus considérable dans les premiers temps de l'histoire, époques barbares et belliqueuses. Il est difficile de savoir comment se sont constitués ces premiers groupes humains qui furent les premières nations. Mais c'étaient à coup sûr de petites associations guerrières faites pour se défendre ou pour attaquer. Seul, l'individu eût péri, comme ont péri les animaux mal armés pour la lutte et qui ne savaient pas se grouper. Le groupe pouvait seul défendre les biens, la liberté des particuliers et surtout le sol si cher, le sol où dormaient les ancêtres, la terre des pères, *la patrie*. Or, pour être moins barbares, les mœurs des hommes sont encore loin d'être pacifiques. C'est notre nation qui défend nos droits menacés par l'étranger. Sa protection nous suit au loin. Le Français, seul, en tout endroit de la terre sait que sa patrie veille sur lui, et il est fort de sa force.

Cette protection des droits et des intérêts peut se faire d'ailleurs par des voies pacifiques. Les tarifs douaniers opposés à l'entrée des marchandises étrangères ne sont qu'une protection donnée aux intérêts des industries nationales.

La nation est donc une solidarité de défense commune. Et cette solidarité unit profondément, car elle exige le sacrifice de la vie. La patrie est le groupement de ceux qui se sont engagés à verser leur sang pour défendre leurs droits collectifs contre les autres groupements.

La nation association politique. — La nation n'a pas seulement pour but la défense commune contre l'étranger, elle est surtout une association de politique intérieure. Qu'est-ce à dire ? Une nation a des lois à elle qui établissent et garantissent les droits respectifs des particuliers, elle a son gouvernement à elle qui assure l'exécution de ses lois. Chacun est donc solidaire de ses compatriotes pour l'établissement et la garantie de ses droits. C'est avec eux qu'il doit les débattre; c'est à l'intérieur des nations que se lève la lutte contre les castes oppressives. C'est à nos compatriotes d'autrefois, aux foules anonymes qui se sont révoltées et ont souffert, c'est aux penseurs généreux des jours passés que nous devons les droits dont nous jouissons. Chaque génération aménage à son tour la vieille maison et y apporte plus ou moins de justice et de fraternité avant de la léguer à la génération suivante.

Langue commune. — Plusieurs nations ont parfois la même langue; plusieurs langues, comme en Suisse, se parlent parfois dans la même nation. Mais il arrive le plus souvent que chaque nation a sa langue propre. Or, rien ne lie les hommes comme un langage commun. La communauté de langage est la condition première de toute vie sociale; elle est la condition de l'amitié, du plaisir de vivre ensemble. Et une langue à elle donne à la nation une littérature à elle; et cette littérature nationale, qui berce dès l'enfance les générations, leur transmet des sentiments communs et des idées communes.

Suppression des obstacles à la solidarité dans la nation. — Puisqu'elle est une communauté politique et que l'entente y est plus aisée qu'entre peuples étrangers, chaque nation tend à supprimer les obstacles à la vie commune. Nous voyons ainsi les douanes intérieures disparaître pour la plus grande facilité des échanges commerciaux. Nous voyons chaque nation réaliser quand elle le peut l'unité de langage: la France ne se substitue-t-elle pas, par tous les moyens, sa langue officielle non seulement aux patois locaux, mais à de vieilles langues solidement constituées comme le Breton ou le Basque.

Ainsi la patrie est l'association de plus en plus étroite où l'individu trouve la plupart de ses conditions d'existence. Écoutons ces quelques lignes d'un livre écrit pour les jeunes Français : « La « patrie t'assiste et par le patrimoine des ancêtres « qu'elle t'a conservé et par le concours de tes con- « citoyens qu'elle te procure. Un âge vient où l'on « se passe de l'appui de sa famille ; mais aussi long- « temps que tu vivras, tu ne te passeras pas des « bienfaits de la patrie ; tu n'aurais pas pu grandir « hors d'elle plus qu'une plante dans le vide ; elle « t'enveloppe comme l'air que tu respires et qu'il t'est à « chaque instant indispensable. Elle ne pourvoit pas « seulement à ton existence matérielle, elle te four- « nit encore les choses dont se nourrissent ton cœur « et ton esprit. Elle aide aux moindres de tes actions, « elle collabore à tes plus secrètes pensées ; des- « cends au plus intime de ton être et dans ce qui te « semble le mieux n'être qu'à toi, dans tes goûts, « dans tes désirs, dans tes passions, tu retrouveras « son influence et la trace de la culture qu'elle t'a « donnée. » (1)

§ 2. **La nation est « grande amitié ». Patrie et Patriotisme.** — Ce serait pourtant se faire une idée incomplète de la nation que de ne voir en elle qu'une étroite solidarité. Elle est plus encore. Sans doute nos droits, notre culture, la satisfaction de

----

(1) Palu Bourde, *Le Patriote.*

nos besoins, nous font dépendre d'elle. Mais nous y tenons aussi par des liens d'une autre sorte, par des sentiments qui ont leur racine au plus profond de notre cœur.

Le patriotisme. — Regardons en effet en nous-mêmes et étudions de près notre âme. Chacun de nous s'aime lui-même, et cet amour se traduit en mille sentiments divers. C'est une joie d'orgueil à nous sentir supérieurs aux autres, de l'humiliation à nous trouver inférieurs, de la colère ou même de la haine contre ceux qui nous blessent ou nous menacent, des regrets ou des remords en pensant à nos fautes, à nos défaillances passées.

Mais voici qu'une merveilleuse transposition nous fait éprouver ces mêmes sentiments s'il arrive quelque événement non plus à nous, mais à notre nation. Pouvons-nous lire le lamentable récit de nos défaites de 1870, des souffrances et de l'héroïsme de nos armées, des fautes accumulées des gouvernants, sans qu'une tristesse poignante nous étreigne la gorge et nous fasse tomber le livre des mains? Comment se souvenir sans humiliation des erreurs de notre nation, des injustices sanglantes dont elle s'est rendue coupable, de la révocation de l'Edit de Nantes, du supplice de Lavoisier (1), de celui d'André Chénier (2)? Et quelle joie de revivre en esprit ces années de la Révolution où la France enseignait au monde les idées de droit et de justice et se levait pour défendre la liberté! Quel orgueil de penser qu'un grand savant comme Pasteur fut des nôtres!

---

(1) Lavoisier, grand savant français, un des créateurs de la chimie, guillotiné pendant la Révolution.

(2) André Chénier, poète français, également victime de la Terreur.

Ainsi nous éprouvons pour notre patrie les mêmes sentiments que pour nous-mêmes. Nous l'aimons : nous sommes heureux de son bien, nous souffrons de son mal. Nous voulons rester de notre pays, quelque attirants que soient les autres ; nous le voulons d'autant plus qu'il est plus pauvre et plus humilié. Ces sentiments, cet amour, cette volonté, voilà le patriotisme.

Le patriotisme est le lien national par excellence. — Des hommes ne constituent vraiment une nation qu'autant qu'ils ont un patriotisme commun. Ils ne sont pas seulement associés en vue de la défense ou du gouvernement mutuels ; ils veulent être associés parce qu'ils aiment à l'être. La patrie, suivant le mot profond de Michelet, est une « grande amitié ».

Ce patriotisme commun est le ciment qui la tient unie et la fait résister à tous les causes de destruction. Cette fameuse captivité de Babylone qui tint le peuple hébreu privé de son sol, mêlé à une population étrangère, le vit pourtant demeurer une nation prête à revivre, parce que les cœurs gardaient l'amour de la patrie.

La première partie du xixᵉ siècle fut remplie de luttes qu'on appela les guerres de nationalités : des populations se soulevaient pour sauver leur propre existence, qu'on étouffait en les tenant réunies malgré elles à d'autres nations. C'était la Pologne démembrée, ses morceaux rattachés à l'Allemagne, à la Russie, à l'Autriche, et luttant héroïquement pour redevenir la Pologne. C'était l'Italie, absorbée par l'Autriche, et voulant être l'Italie. L'association était détruite, mais le patriotisme survivait et travaillait à la reconstituer.

Ainsi se trouvent justifiées les comparaisons dont on use pour exprimer ce qu'est une nation. La nation est un *corps*, car ceux qui la constituent sont solidaires les uns des autres comme les membres d'un même organisme. Mais la nation est aussi une *âme*, parce que des sentiments communs et une volonté commune la constituent. Et puisque nous vénérons notre patrie comme un être réel et durable, il est naturel que nous l'imaginions comme une personne. C'est une mère au doux visage, une mère enthousiaste et laborieuse, qui a souffert tout au long des siècles, qui a donné pour notre bien les meilleurs de ses fils, et qui demande en retour un peu de reconnaissance, un peu d'amour.

§ 3. Comment il faut aimer la patrie. — Dès l'enfance l'amour de notre patrie pénètre en notre cœur par toutes les voies dont dispose l'éducation, par les livres qu'on nous met dans les mains, par le récit de notre histoire, par l'influence de nos parents. Et notre patriotisme est un sentiment très fort. Quel crime nous donne le plus d'horreur? Est-ce le vol ou même l'assassinat? Non; mais la trahison, qui froisse notre patriotisme, qui nous le révèle plus puissant que notre amour de la propriété ou de la sécurité.

Valeur morale du patriotisme. — Est-il bon d'aimer beaucoup sa patrie? La question peut sonner étrangement aux oreilles d'un patriote. Mais n'oublions pas que nous avons à vivre en personnes raisonnables, et par conséquent à chercher la raison de tous nos devoirs. La réponse d'ailleurs ne saurait être douteuse. Notre amour pour la patrie, ainsi

que l'affection réciproque des membres d'une famille,
nous porte justement à accomplir les devoirs que
la raison nous impose. Il nous sort de notre égoïsme
et nous dispose à aimer le bien de nos semblables
autant et plus que notre propre bien, à sentir en
eux des frères et à collaborer avec zèle à la vie commune. N'est-il pas *vrai* que de tels liens de cœur
devraient exister entre tous les hommes? Et s'ils
n'existent qu'entre les membres d'une même patrie,
n'est-ce pas déjà un progrès vers ce qui devrait
être?

**L'amour vrai de la patrie doit consister à aimer
ses compatriotes.** — Le patriotisme, révélant une profonde fraternité entre compatriotes, est donc un
sentiment sacré, dont la flamme doit être précieu-
sement entretenue dans les cœurs. Mais le patriotisme prétend parfois être autre chose, et l'on n'aime
pas toujours sa patrie comme il faut.

Nous ne parlons pas ici de ce patriotisme bruyant
et tapageur qui n'est qu'un moyen commode de
faire des dupes. Certaines gens n'ont à la bouche
que le mot de : Patrie. Mais ils ne veulent qu'exploiter à leur profit l'enthousiasme du peuple. Nous
ne parlons pas de ce patriotisme qui n'est qu'un
calcul et dont l'exubérance masque trop souvent la
lâcheté.

Mais nous voulons parler d'un patriotisme sincère
qui consiste à aimer sa patrie sans aimer ses compatriotes. Quelle étrange contradiction! Regardons
pourtant autour de nous, regardons jusqu'en nous-
mêmes. Voici un homme courageux et fort, prêt à
verser son sang pour sa patrie ; il a l'orgueil de son
honneur ; il la veut respectée et forte ; il l'aime.

Mais il ne souffre pas réellement de voir la misère matérielle, l'ignorance, la déchéance physique de certains de ses compatriotes. L'heure venue il prendra les armes avec eux, mais il ne donnerait pas un sou pour les arracher à l'alcoolisme ou au chômage. Il n'a pas le sentiment profond de ses devoirs à leur égard. Il aime sa patrie ? Oui, certes. Mais il l'aime d'une façon incomplète. Il ne l'aime que dans ses rapports avec les nations étrangères.

Nous étudierons dans un chapitre spécial, car c'est un grave sujet, quels doivent être nos sentiments et notre conduite à l'égard des étrangers. Constatons seulenme que le patriotisme parfaitement conforme à ce qu'il doit être, ne doit pas avoir une face unique tournée vers l'extérieur. Il contemple la vie intérieure de la nation ; il reconnaît des frères en tous les compatriotes, il exige de chacun de nous que nous soyons des citoyens justes, des hommes pitoyables, que nous accomplissions avec zèle nos devoirs professionnels.

Jeanne d'Arc est le modèle héroïque de tout patriote. Or, si nous observons ce sentiment impérieux qui arracha la jeune paysanne à son coin de Lorraine, nous le trouvons fait d'une immense pitié. Elle savait par expérience les misères de la guerre et son cœur absorbait pour ainsi dire toute la douleur du royaume. Elle ne pouvait « voir couler le sang français ». Comme on ne peut être bon pour les uns si on ne l'est pour les autres, Jeanne d'Arc gémit aussi de voir couler le sang de l'étranger. Elle bataille rudement pour le chasser du sol de France. Mais, après la victoire d'Orléans, croyant que l'Anglais, revenu à la raison, se retire définiti-

vement, elle défend qu'on le poursuive. Une autre
fois elle pleure en voyant deux mille cadavres ennemis joncher le sol; et comme un prisonnier devant
elle est frappé si durement qu'il tombe expirant, elle
s'élance de son cheval, soutient sa tête, fait venir un
prêtre, l'aide à mourir. Jeanne d'Arc nous enseigne
le vrai patriotisme, celui qui rapproche les membres
d'une même nation, les lie les uns aux autres par le
cœur, et les dispose ainsi à éprouver des sentiments
de fraternité pour tous les hommes.

§ 4. Patriotisme et discordes civiles. — Ce
n est pas seulement de l'indifférence que nous éprouvons souvent pour nos compatriotes, tout en aimant
notre patrie. C'est de la haine. Oui, nous les haïssons quelquefois plus que nous ne faisons l'étranger. C'est que la vie commune à l'intérieur de la
nation crée des luttes, des oppositions de droits,
d'intérêts, de croyances religieuses, d'opinions politiques. C'est au sein d'une même patrie qu'une église
veut s'imposer de force aux autres églises, que les
opprimés sentent le dur contact des oppresseurs. La
vie nationale est une vie de combat et par conséquent une source de malveillance et de haine. Dans
les guerres civiles on sent généralement plus d'achar-
nement et d'inimitié concentrée que dans les guerres
contre l'étranger. Cette mauvaise entente, voilée et
silencieuse dans le courant ordinaire de la vie, éclate
avec violence dans toutes les circonstances où les
différents partis se trouvent en conflit. Dans une
campagne électorale, dans certaines séances du
parlement, dans les polémiques de la plupart de
nos journaux, qu'est-ce qui anime les partis en pré-

sence? le désir de faire prévaloir leurs opinions ou de défendre leurs droits? Non point, mais la volonté de nuire, de blesser, d'écraser l'adversaire détesté. C'est un champ de bataille où l'on chercherait vainement cette fraternité que devrait être le patriotisme. Certes il est nécessaire qu'il y ait, entre concitoyens, des oppositions, des conflits, des luttes. Mais à quelle vaine apparence se réduit notre patriotisme si, au travers de ces combats nécessaires, nous ne nous sentons pas retenus de désirer la souffrance de nos compatriotes.

Le vrai patriotisme, nous le reconnaissons *d'instinct* à ce signe qu'il donne des leçons de fraternité. Pendant les guerres de religion, entre catholiques et protestants, au moment où les meilleurs désespéraient que la vie commune fût possible et qu'il y eût une autre issue que l'écrasement de l'un ou l'autre parti, le chancelier Michel de l'Hôpital s'écrie: « Otons ces mots diaboliques luthériens, huguenots, « papistes; ne changeons le nom de chrétiens. » Il convoque les représentants des deux camps à un « colloque » où ils devront s'entendre et ses édits essayent d'établir la tolérance. Protestants ou catholiques devaient donc renoncer à faire triompher ce qu'ils croyaient la vérité? Non certes, et ce serait un patriotisme malfaisant que celui qui exigerait de nous de tels sacrifices. Mais dans leurs cœurs de Français et de chrétiens ils devaient trouver le désir de s'entendre et de vivre ensemble dans la justice.

Les troubles civils de la révolution de 1789 ou de 1848, les conflits sanglants entre une populace taffamée et la force publique nous offrent mille traits tels que celui-ci. C'était en 1790, au début de la

Révolution, la garnison de Nancy se soulève. Le gouverneur de la Lorraine est chargé par l'assemblée nationale d'aller rétablir l'ordre à la tête d'une petite armée. Un jeune officier breton, nommé Desilles, faisant partie de la garnison en révolte, gardait avec son détachement une des portes de la ville et se disposait à accueillir l'adversaire avec une grosse pièce chargée de mitraille. L'avant-garde ennemie paraît. A cette vue le jeune homme, bouleversé, s'élance à la bouche du canon, y colle sa poitrine, en criant : « Mais ce sont nos frères, vous allez verser le sang français. Respectez-les ou tuez-moi. » La haine fut la plus forte. Les rebelles éclatèrent en menaces contre lui, et, ne pouvant l'arracher, le frappèrent de leurs baïonnettes. Voilà le vrai patriote. Au moment de frapper il sent un frère dans son ennemi et non seulement il ne frappe pas, mais il meurt pour ramener la fraternité dans les cœurs.

Patriotisme et amour de la justice. — Il est inévitable qu'il y ait dans la nation des conflits d'intérêts et des conflits de croyances, que des partis contraires soient aux prises. Que faire pour que ces conflits n'engendrent point de haines et ne risquent pas de rompre le bien national ? Il faut, nous l'avons dit, que chacun s'attache à être juste. La justice seule, sous la forme de la tolérance, permet aux opinions de rivaliser sans s'opprimer, de lutter sans soulever d'inimitiés ; la justice seule permet aux hommes de s'entendre pour régler leurs conflits d'intérêts et leur ôter le prétexte de se détester. Celui qui n'aime pas la justice par-dessus tout, celui-là peut se croire patriote, il ne l'est pas véritablement.

Mais ceci nous amène à considérer de plus près comment nous pouvons faire régner la justice dans la nation.

Questionnaire :

A. *Qu'est-ce que la nation ?* — 1. Que faut-il entendre par ces mots que la nation est le milieu naturel de l'individu? — 2. Quels sont les rapports que des compatriotes ont entre eux et que n'ont pas entre eux des hommes appartenant à des nations différentes ? — 3. A quel besoin ont répondu les premiers groupements nationaux? — 4. Est-ce que la solidarité s'arrête à la nation? — 5. Expliquez cette expression : « Une nation est une volonté commune. » — 6. Est-ce que des populations qui n'ont ni langue ni religion commune et qui ne sont pas de mêmes races ne peuvent pas constituer une nation?

B. *Comment il faut aimer sa patrie.* — 1. Montrer que puisque nous avons en fait avec nos compatriotes certains rapports de solidarité que nous n'avons pas avec les étrangers, il y a certains devoirs que nous ne pouvons accomplir que dans notre patrie. — 2. Expliquer ce fait étrange que parfois on aime sincèrement sa patrie, sans aimer ses compatriotes. — 3. Montrer qu'il y a des causes de conflits entre compatriotes qui n'existent pas entre populations appartenant à des nations différentes. — 4. Pourquoi l'homme qui veut aimer sa patrie comme il faut doit-il aimer la justice?

Lectures.

Jeanne d'Arc

Il y a eu bien des martyrs ; l'histoire en note d'innombrables, plus ou moins purs, plus ou moins glorieux. L'orgueil a eu les siens, et la haine, et l'esprit de dispute. Aucun siècle n'a manqué de martyrs batailleurs, qui sans doute mouraient de bonne grâce, quand ils n'avaient pu tuer... Ces fanatiques n'ont rien à voir ici. La sainte fille n'est point des leurs, elle eut un signe à part : bonté, charité, douceur d'âme.

Elle eut la douceur des anciens martyrs, mais avec une différence. Les premiers chrétiens ne restaient doux et purs qu'en fuyant l'action, en s'épargnant la lutte et l'épreuve du monde.Celle-ci fut douce dans la plus âpre lutte, bonne parmi les mauvais, pacifique dans la guerre même; la guerre, ce triomphe du diable, elle y porta l'esprit de Dieu.

Elle prit les armes quand elle sut « la pitié qu'il y avait au royaume de France ». Elle ne pouvait voir « couler le sang français ». Cette tendresse de cœur, elle l'eut pour tous les hommes : elle pleurait après les victimes et soignait les Anglais blessés.

Pureté, douceur, bonté héroïque, que cette suprème beauté de l'âme se soit rencontrée en une fille de France, cela peut surprendre les étrangers qui n'aiment à juger notre nation que par la légèreté de ses mœurs. Disons-leur (et sans partialité, aujourd'hui que tout cela est si loin de nous) que sous cette légèreté, parmi ses folies et ses vices même, la vieille France n'en fut pas moins le peuple de l'amour et de la grâce...

Puisse la nouvelle France ne pas oublier le mot de l'ancienne : « Il n'y a que les grands cœurs qui sachent combien il y a de gloire à être bon ! » L'être et rester tel, entre les injustices des hommes et les sévérités de la Providence, ce n'est pas seulement le don d'une heureuse nature, c'est de la force et de l'héroïsme... Garder la douceur et la bienveillance parmi tant d'aigres disputes, traverser l'expérience sans lui permettre de toucher à ce trésor intérieur, cela est divin. Ceux qui persistent et vont ainsi jusqu'au bout sont les vrais élus. Et quand même ils auraient quelquefois heurté dans le sentier difficile du monde, parmi leurs chutes, leurs faiblesses, leurs *enfances* ils n'en resteront pas moins les enfants de Dieu.

MICHELET (Histoire de France.)

La Piété nationale.

1. Tu es bonne, ô ma Nation! Tu te plais à faire servir tes forces et ton génie aux progrès de la civilisation, et aux plus beaux jours de ton histoire tu as voulu sincèrement le bonheur des autres peuples. C'est pour cela que tu es digne de respect et d'amour.

2. Voici donc ce que je ferai pour être bon: j'imiterai ma

9.

nation. Comme elle est fonction dans la vie de l'humanité, (1) je serai fonction dans ta vie intérieure, non tel qu'un organe qui ne sait pour qui il travaille, mais par un acte continu d'intelligence, d'amour, de volonté.

3. Ainsi je m'acquitterai justement envers ma patrie. Je lui consacrerai ma vie, mon cœur, ma pensée, mes forces, tout ce que je tiens d'elle. Je ferai valoir ses dons de mon mieux, j'en porterai l'obole à son trésor; elle a besoin du plus humble de ses enfants.

4. Si les magistrats gouvernent mal, ou s'ils entrent en querelle avec les chefs d'un peuple étranger, je travaillerai, pour l'honneur de ma patrie, à faire triompher la justice. Mais quand la violence se déchaîne, c'est la loi qui a raison ; et quand la guerre éclate, ce qui est juste, c'est que l'enfant défende sa mère. O France, puisse ta force être toujours au service du droit !

5. C'est de ma nation que je tire mon être; chacun de mes mouvements fait partie de sa vie. Quelque modeste que soit une profession, si je la remplis bien, je contribue au bien de nation et, par elle, au bien de l'humanité. C'est en employant toutes mes forces et mes facultés à la servir que je crois en perfection et deviens véritablement humain.

6. Grâce à ma nation je ne suis pas un être isolé, mais une personne qui tire de sa fonction sa raison d'être, sa dignité morale et sa consolation. Elle fait bien mon labeur, et, en m'associant à sa fonction civilisatrice, elle me fait participer à une œuvre éternelle.

7. Quel être pourrais-je ainsi aimer plus que toi sans injustice, ô ma Nation? C'est de toi que je vis; c'est par toi que je vaux quelque chose; c'est en toi que je trouve la joie la plus parfaite. Celui qui te sert avec une entière dévotion réalise tous ses devoirs. Celui qui t'oublie est un impie. Car ton service est juste. Oui, il est doux de bien mériter de toi, de se sentir ton enfant !

FRANCK D'ARVERT (Institution nationale.)

---

(1) Nous avons déjà expliqué ce mot. La patrie a un rôle utile dans la vie de l'humanité comme un organe dans la vie du corps.

CHAPITRE XVI

L'ÉTAT

La légalité.

§ 1. Qu'est-ce que l'Etat ? — Toute nation,
avons-nous dit, est un État. Il faut entendre par là
que tous ceux qui la composent sont soumis à une
autorité commune, à un pouvoir plus fort que chacun d'eux en particulier et qui les *contraint* à accomplir certaines actions, à s'abstenir de certaines
autres. Est-ce que les tribunaux et de formidables
forces de police ne nous contraignent pas à payer
nos dettes, à faire notre service militaire, à ne pas
voler, à ne pas tuer. Ces *contraintes sont les lois.*

Le père de famille impose des ordres à l'enfant, le
maire d'une commune des arrêtés à ses administrés.
Pourtant ni la famille, ni la commune ne sont un
Etat. La raison en est simple. Une certaine autorité
appartient au père dans la famille, au maire dans la
commune : mais ce n'est qu'autant qu'une autorité
supérieure, s'étendant plus loin, la leur reconnaît ;
elle leur assure les moyens de l'exercer, et aussi elle
la limite : le père ne pourrait laisser ses enfants sans
instruction, ni le maire engager des dépenses exa-
gérées. Ces autorités particulières sont donc comme
des *fragments* d'une autorité suprême, au-dessus de
laquelle il n'en est point d'autres.

Cette autorité supérieure, avec toutes les autorités particulières qui ont en elle leur source, voilà

l'Etat. Des voyageurs racontent que les Fuégiens de l'Amérique du Sud vivent sans gouvernement, sans aucune obligation imposée à l'individu. Ils constituent une société, une sorte de troupeau, mais non point un Etat.

§ 2. Les lois. Leur raison d'être. — Les lois sont des *contraintes*. A ce titre, elles limitent notre liberté. Et nous pouvons nous étonner de la façon rigoureuse dont elles la restreignent. Ecolier, soldat, fonctionnaire, le citoyen, à tous les instants de la vie, est soumis au contrôle de l'Etat. Commerçant ou industriel, il doit recevoir des inspecteurs ; simple voyageur, il doit fournir des renseignements à l'hôtelier. On est comme écrasé quand on songe à cet amoncellement de lois. Et l'on s'explique que des doctrines se soient produites proclamant, parfois avec violence, que l'Etat est un mal parce qu'il supprime la liberté de l'individu, le pouvoir de faire ce qui lui plaît. Ce sont les doctrines *anarchistes* (1) ; elles demandent la suppression de l'Etat.

C'est une question grave entre toutes que de savoir la raison d'être de l'Etat, son utilité sociale. Est-il un mal ? est-il un bien ? Et puisqu'en définitive il dépend du consentement de tous les individus, ont-ils raison de vouloir son existence ?

Sans les lois nulle garantie de justice dans la solidarité sociale. — Certes la liberté est pour l'individu un grand bien. Disons mieux : si on entend par liberté, comme nous l'avons fait, le pouvoir pour l'individu de satisfaire ses besoins et ses désirs, elle est par définition tout son bien.

---

(1) Anarchie vient d'un mot grec qui signifie : absence d'autorité

Seulement il faut toujours se rappeler que l'individu n'est pas seul et que la solidarité est la condition de sa liberté ; il ne réalise ses fins qu'autant que ses semblables ne l'en empêchent point et même collaborent avec lui. C'est parce que les autres dépendent de lui qu'il a des devoirs envers eux, et parce qu'il dépend d'eux qu'il a des *droits*.

Mais que deviennent nos droits si les volontés de nos voisins se refusent à les respecter. Comment nous défendre contre l'assassin, le voleur? Comment l'enfant forcerait-il ses parents à l'instruire ? Qui sauvegardera les intérêts de l'orphelin? Qui assurera au prêteur la restitution de son argent?

Les droits ne sont garantis qu'autant que l'autorité sociale peut *contraindre* les volontés individuelles La raison conçoit des droits. Mais ils sont désarmés, si l'autorité sociale avec ses tribunaux, ses soldats et ses gendarmes ne les entoure de son rempart.

Sans les lois impossibilité de la collaboration établie par contrat. — Je vous vends une marchandise; si je n'étais pas assuré de pouvoir vous contraindre à la payer, je ne vendrais plus. Il n'y aurait plus de dépôt, si le déposant n'était plus certain de rentrer par la force en possession de son bien ; plus de mandat donné par un homme à une autre personne, plus de prêts. Il n'y aurait plus de contrats, plus d'engagements à se rendre des services réciproques, si les deux parties n'étaient assurées de pouvoir se contraindre l'une l'autre à les remplir. Plus de contrats, partant plus d'échanges, plus de cette collaboration entre les hommes qui s'établit par une entente et une confiance mutuelles.

Seules les lois peuvent établir solidement la jus-

tice. Seules encore elles rendent possible la collaboration en la soumettant à des règles fixes. Elles sont le lien qui maintient la société humaine, qui l'empêche de se dissoudre. Que l'on se demande maintenant lequel est le plus libre, lequel a le plus de pouvoir réel, de l'Européen qui vit sous un amas de lois, ou du sauvage qui erre dans les forêts au gré de ses caprices, exposé à chaque instant à être tué, dépouillé, réduit en esclavage.

La légalité cause de prospérité matérielle. — On comprend maintenant pourquoi l'arbitraire est la cause la plus active de décadence pour un peuple. Il l'atteint dans les sources profondes de sa vie matérielle, dans son commerce, dans son industrie, puisqu'il dissout la collaboration. Si l'on cherche pourquoi certains Etats sont inférieurs à d'autres, pourquoi la Turquie est comme paralysée, pourquoi l'Espagne est en décadence, pourquoi les grandes nations anglo-saxonnes sont puissantes et florissantes ; parmi bien des raisons on n'en trouvera pas de plus considérable que celle-ci : les unes n'ont pas de lois, ou leurs lois restent lettre morte, les magistrats chargés de les appliquer étant les premiers à les violer ; les autres ont la religion de la légalité. L'injustice et l'arbitraire sont plus funestes aux pays que l'invasion étrangère.

§ 3. **La légalité.** — La religion de la légalité... C'est bien de religion qu'il faut parler, en effet, si l'on veut exprimer que le respect des lois doit dominer les hommes et les unir dans un même sentiment.

L'exemple de Socrate. — A tous ceux qui veulent

bien vivre il faut rappeler l'exemple et les paroles de Socrate, ce serviteur le plus fidèle de la raison. Socrate avait été condamné à boire la ciguë pour avoir enseigné la justice à ses compatriotes. Cependant ses disciples Criton, Cibès, Seminias s'étaient oc cupés de sauver leur maître. Ils avaient corrompu le geôlier et préparé l'évasion. Criton se rend à la prison et presse le sage d'échapper à une mort injuste. Il doit fuir pour ses enfants, pour ses disciples que la multitude accusera de lâcheté s'ils le laissent périr.

Socrate l'écoute avec douceur : « Il ne faut pas, « mon cher Criton, vous mettre si fort en peine de « ce que dira la multitude, mais de ce que dira celui « qui connaît le juste et l'injuste; et celui-là, « *ce juge unique, c'est la vérité...* Lorsque nous serons « au moment de nous enfuir, ou comme il te plaira « d'appeler notre sortie, si les lois de la République « venaient se présenter devant nous, et nous di- « saient : « Socrate, que vas-tu faire? Exécuter l'en- « treprise que tu prépares, est-ce autre chose que « de ruiner entièrement, autant qu'il est en toi, les « lois et la République? Penses-tu qu'un Etat puisse « subsister quand les jugements y sont, non seule- « ment sans force, mais encore méprisés et foulés « aux pieds par les particuliers? » Que pourrions- « nous répondre, Criton, à de pareils reproches, et « à beaucoup d'autres encore?... Leur répondrons- « nous que la République nous a fait injustice et « qu'elle n'a pas bien jugé? Est-ce là ce que nous « répondrons? »

« CRITON. — Par Jupiter, oui, nous le dirons, So- « crate.

« SOCRATE. — Que diront donc les lois? « Socrate,
« ne sommes-nous pas convenus ensemble que tu te
« soumettrais au jugement de la République?...
« Dis-nous donc quel sujet de plainte tu as contre
« la République et contre nous, que tu fasses ainsi
« tous tes efforts pour nous détruire? Et d'abord,
« n'est-ce pas à nous que tu dois la vie? N'est-ce
« pas grâce à nous que ton père a épousé celle qui
« t'a mis au monde? Que trouves-tu donc à repren-
« dre dans ces lois que nous avons établies sur le
« mariage? » — Rien, sans doute, leur répondrais-
« je — « Et celles qui regardent la nourriture et
« l'éducation des enfants, d'après lesquelles tu as
« été élevé, ne te paraissent-elles pas avoir juste-
« ment ordonné à ton père de t'élever dans tous les
« exercices de l'esprit et du corps? » — Fort juste-
« ment, dirais-je. — « Cela étant, puisque tu es né,
« puisque tu as été nourri et élevé grâce à nous,
« oserais-tu soutenir que tu n'es pas notre enfant et
« notre serviteur de même que tes parents? Et s'il
« en est ainsi, penses-tu avoir les mêmes droits que
« nous, de sorte qu'il te soit permis de nous rendre
« tout ce que nous tâcherions de te faire souffrir?...
« Et si nous tâchions de te perdre, croyant que cela
« est juste, tu voudrais nous prévenir et perdre les
« lois et ta patrie! Appellerais-tu cela justice, toi
« qui fais profession de t'être attaché à la vertu? Ta
« sagesse te laisse-t-elle ignorer que la patrie est
« digne de plus de respect, et de plus de vénération,
« devant les dieux et devant les hommes, qu'un
« père, qu'une mère et que tous les parents ensem-
« ble? Qu'il faut honorer sa patrie, lui céder et la
« ménager plus qu'un père lorsqu'elle est irritée?...

« A l'armée, devant les juges, et partout, il faut
« obéir aux ordres de la patrie, ou user avec elle de
« persuasion, comme il est permis; car si c'est une
« impiété de faire violence à son père ou à sa mère,
« c'en est une beaucoup plus grande de forcer sa
« patrie... » Voilà sache-le bien, mon cher Criton,
« les discours que je crois entendre, comme les
« corybantes croient entendre les flûtes sacrées ; le
« son de ces paroles retentit dans mon âme et me
« rend insensible à tout autre langage. Sois certain,
« telle est du moins ma conviction présente, que
« tout ce que tu pourras dire pour les combattre
« sera inutile. Laissons donc là cette discussion,
« Criton, et suivons la route où Dieu nous conduit.»

**Utilité pour la société que chacun revendique
son droit.** — Pour assurer le règne des lois, l'honnête homme ne doit pas se borner à leur obéir, il
doit exiger que les autres les respectent et même
les observent à son égard. Sommes-nous lésés par
un particulier ou une administration publique, trop
souvent nous nous taisons par indifférence ou paresse, par crainte de nous faire des ennemis. C'est
là une faiblesse. Nous devons revendiquer notre
droit, non par intérêt personnel, mais par devoir
envers la société. En défendant notre droit ne défendons-nous pas le droit de tous? Il y a quelques
années, un voyageur, circulant entre Paris et Lyon,
s'amusait à vérifier le prix de son billet. Il s'aperçut
que la Compagnie lui faisait tort d'environ cinq
centimes. Il réclama en vain, fit un procès, et, de
juridiction en juridiction, finit par gagner sa cause.
En combattant pour sa bourse, il avait combattu
pour toutes les bourses.

Cette revendication d'un droit individuel est parfois un acte d'héroïsme et qui sauve la liberté de tous. L'histoire de John Hampden en est une preuve. C'était sous le roi d'Angleterre Charles Ier. Le pouvoir royal était en lutte contre le Parlement, défenseur des libertés individuelles. Une taxe arbitrairement imposée par le souverain, sous le prétexte d'armer une flotte, excita les mécontentements. John Hampden, ancien membre du Parlement, qui vivait alors retiré dans sa famille, aimé et estimé de tous, refusa de payer. On craignait sa popularité : aussi ne lui réclamait-on qu'une faible somme. Mais il voulait par son refus provoquer un procès qui mettrait en lumière les droits de la nation. Il le perdit, mais les droits avaient été proclamés et l'autorité royale était ébranlée. Trois ans plus tard commençait la lutte que devait terminer la défaite de Charles Ier, victime de la première révolution d'Angleterre. Hampden y périt avant la victoire. Lorsqu'on l'ensevelit, on trouva, suspendue à son cou, une cornaline portant ces mots :

> Point ne combats contre mon roi,
> De mon pays défends la loi.

C'est un devoir le plus souvent de maintenir notre droit tout entier, surtout à l'égard des grandes puissances sociales, parce que l'affirmation de notre droit a une utilité pour tous les autres ; et nous remplissons en cela une véritable fonction publique.

Opposition possible entre la justice et la légalité. — La loi n'est sacrée que parce qu'elle est la condition de la justice et de la collaboration sociale. Ce que nous respectons en elle, c'est donc l'équité et l'intérêt commun. Or, une loi peut être mauvaise, injuste, elle peut être un instrument pour opprimer abominablement une classe au profit d'une autre. Et il se peut aussi que des magistrats de la loi l'appliquent injustement. Socrate, le Christ, Jeanne d'Arc, que de victimes illustres ou obscures d'iniquités légales! Nous devons combattre l'injustice quand elle frappe les autres, lui résister quand c'est nous qu'elle atteint. Mais nous est-il permis, pour cela, de faire échec à la loi, de nous révolter contre elle? Si chacun de nous se fait le juge de la loi, c'est l'anarchie, la dissolution de la société. Certes, il peut y avoir parfois un douloureux conflit entre le devoir de légalité et la conscience de l'individu.

En réalité, la solution de ce conflit dépend des circonstances où l'on se trouve. Qui donc donnerait tort aux esclaves de l'antiquité s'ils s'étaient révoltés furieusement contre leurs maîtres, aux victimes de l'Inquisition si elles avaient répondu par la violence aux supplices? Et nos pères n'ont-ils pas bien agi en armant une révolution pour conquérir leurs droits politiques? Si des hommes, pour briser l'injustice légale, n'ont d'autre instrument en main que la résistance et la révolte; si l'oppresseur est sourd à la voix de la raison; si le séjour dans une telle société est plus cruel que l'anarchie à certains de ses enfants, le devoir de légalité ne serait-il pas une dérision?

Mais contemplons le régime où nous vivons. L'action politique nous est ouverte, nous pouvons écrire, parler, remuer l'opinion. La révolte contre la loi n'est-elle pas un attentat contre la société dès qu'on peut par la raison en appeler à la raison de tous? Dans un régime de liberté le bon citoyen doit suivre

la parole du sage, « ramener les lois par la persua-
« sion, ou obéir à ses commandements et souffrir
« sans murmurer ce qu'elles nous ordonnent de
« souffrir ».

Questionnaire :

1. — Quelle différence faites-vous entre ces deux mots : société
et État? Pourquoi une commune n'est-elle pas un État? — 2. Que
répondriez-vous à la théorie anarchiste qui soutient que la contrainte
de l'Etat et de la loi diminue la liberté? Que faut-il entendre par
liberté? — 3. Pourquoi nul n'est-il autorisé à se faire justice lui-
même? — 4. Expliquer cette pensée de Socrate que nous devons
plus aux lois qu'à notre père et à notre mère? — 5. Qu'est-ce qu'un
contrat? Pourquoi les lois sont-elles la condition des contrats? —
6. Expliquer cette expression que la « revendication des droits est
une fonction sociale ». —7. Citer des exemples réels ou imaginer
des exemples possibles de lois contraires à la justice. — 8. Qu'est-ce
qu'une révolution? Quels sont les inconvénients d'une révolution?

CHAPITRE XVII

Fonctions de l'Etat

Nous venons de voir ce qu'est l'Etat et quelle est la raison générale de son existence. Entrons maintenant davantage dans le détail de ses attributions.

§ 1. Fonction de justice. — La fonction essentielle de l'État, c'est de faire régner la justice dans la solidarité sociale. Mais par quels moyens peut-il s'en acquitter ?

Les lois. Comment elles réglementent la solidarité. — Les lois peuvent être, comme chez les peuples primitifs, de simples coutumes transmises oralement ; ou elles peuvent être écrites et consignées dans des codes. Mais il n'y a véritablement Etat que lorsque des lois sont dressées par la société devant les volontés individuelles. *L'effet de la loi est d'imposer aux hommes ce qu'ils doivent faire ou ne pas faire dans les diverses circonstances où ils sont en rapport.* La loi établit par exemple comment doivent se comporter les personnes unies par des rapports de famille ; quels sont les droits et les devoirs respectifs des époux, leurs devoirs envers leurs enfants ou envers les enfants qu'ils pourraient adopter ; comment un tuteur doit administrer les biens des orphelins qui lui sont confiés. Souvent les hommes se lient par un contrat ; c'est un accord de leur volonté. Mais la

loi détermine les droits et les devoirs des deux contractants, les obligations réciproques de l'acheteur
et du vendeur, du locataire et du propriétaire. La loi
organise donc la solidarité; c'est pourquoi elle peut
y faire descendre la justice.

Etablir des lois, les fabriquer en quelque sorte,
c'est la *fonction législative* de l'État; les appliquer,
c'est-à-dire décider sous quelle lci tombe tel ou tel
cas particulier, c'est sa *fonction judiciaire*.

Les sanctions de la loi. — Comment l'Etat con-
traint-il les individus à observer la loi? Quelles sont
les sanctions des lois? c'est-à-dire qu'arrive-t-il à
ceux qui ne les observent pas? A ce point de vue, on
peut distinguer deux sortes de lois. Les unes se bor-
nent, quand une injustice a été commise, à *restituer
les choses* dans leur état primitif. Un acheteur
refuse-t-il de payer la marchandise qui lui a été
livrée, on le force à la rendre. Un locataire a-t-il
détérioré la maison qu'il a louée, il doit la réparer.
Ce sont les lois *civiles*. Mais d'autres cas se présentent : soit que l'injustice soit trop grave, soit qu'elle
ne puisse être réparée : il faut empêcher qu'elle ne
soit commise; et pour cela on punit ceux qui la com-
mettent. Les lois dont on punit la violation sont les
lois *pénales*.

Fonction pénale. — La peine infligée à ceux qui
n'observent pas ces lois a un triple effet : elle *intimide* les criminels pour l'avenir en leur donnant la
crainte de subir de nouveau le châtiment. Certaines
peines *le mettent hors d'état* de nuire; c'est ainsi
que les lois françaises relèguent dans des colonies
lointaines tous ceux qu'un nombre considérable de
condamnations semble révéler comme inaccessibles

à l'intimidation. Enfin, et c'est peut-être là l'effet le plus puissant de la peine, elle est un *exemple* qui intimide tous ceux qui n'ont pas commis de faute mais qui pourraient être tentés d'en commettre.

Il faut punir, puisqu'il y a dans la société des volontés mauvaises, fermées à la raison, des hommes qui menacent leurs semblables : la peine est un moyen nécessaire pour faire respecter les droits. La justice exige qu'on emploie sans faiblesse ces moyens. Il faut punir; mais c'est une nécessité lamentable que celle qui oblige la société à dépouiller certains de ses membres des droits inhérents à la personne humaine, de leur liberté, parfois de leur vie.

Si la justice impose de défendre les honnêtes gens, il y a aussi une justice à observer envers les criminels. Ils sont des personnes ; on ne peut les traiter simplement comme des choses, ou comme des chiens dont on se débarrasse en les envoyant à la fourrière. *Le droit du criminel consiste à n'avoir ses droits supprimés, et pour ainsi dire comprimés, que dans la mesure exacte où cela est nécessaire pour sauvegarder les droits de ses semblables.*

Les droits du criminel. — La punition ne doit pas être exercée dans un esprit de vengeance, par le désir de faire expier en souffrances l'injustice commise. On doit s'efforcer, dans la mesure du possible, de ramener le criminel à la raison, au remords de sa faute, à l'amour de la justice. Et le pardon parfois ne laisse pas d'avoir une action sur les âmes un instant égarées (1).

____

(1) Une de nos lois les plus remarquables à ce point de vue est celle que l'on doit à M. le sénateur Bérenger. Elle autorise le tribunal à exempter un coupab e de la peine prononcée contre lui, s'il ne commet pas de nouveau délit pendant cinq ans.

Enfin nous avons vu, en étudiant la solidarité morale, que le criminel n'est pas en général seul responsable de son crime; il y a été en partie entraîné par l'action de causes dont ses semblables sont responsables. N'est-il pas vrai que l'exemple funeste, la mauvaise éducation, l'alcoolisme, le vagabondage, l'extrême misère sont des causes générales de perversité, et que c'est contre elles qu'il faut lutter?

Ceci suffit à montrer quel problème à la fois complexe et pressant est celui d'organiser, conformément à la justice, le devoir de la répression.

§ 2. Fonctions subordonnées à la fonction de justice. — Pour que la justice règne, il ne suffit pas toujours que l'Etat édicte des lois. Par exemple l'équité exige que tout enfant soit instruit, qu'il ait part à cette culture qui est l'œuvre collective de l'humanité, et sans laquelle il serait maintenu de force au plus bas degré de l'échelle sociale. Mais supposons que les familles n'aient pas les moyens de remplir cette fonction, que des associations particulières n'en prennent pas la charge ou l'accomplissent mal, c'est en vain que l'Etat ordonnerait l'instruction de l'enfance. La loi de justice ne serait pas observée ou le serait mal. Il faut, pour l'équité, que l'Etat se charge de cette fonction, qu'il oblige tous les citoyens, au moyen de l'impôt, à entretenir des professeurs, qu'il ouvre des écoles à tous les enfants, qu'il remplace les associations privées d'enseignement si elles n'existent pas, ou se substitue à celles qui existent si elles sont mauvaises.

En vertu de cette justice supérieure que nous avons appelée fraternité, c'est un *droit exigible* pour certains indigents d'être assistés. Mais si des particuliers ou des sociétés particulières ne se chargent pas de ce service, il faut bien que l'Etat le prenne pour lui, qu'il ouvre des asiles, des hôpitaux, qu'il donne des secours à domicile, qu'il élève des enfants abandonnés.

§ 3. Fonctions d'intérêt général. — Nous voyons, dans presque tous les pays, l'Etat se charger de certaines fonctions spéciales : il construit et entretient les routes ; il a le service des postes et des télégraphes. C'est que ces institutions répondent à des besoins collectifs et généraux, et que ces besoins sont urgents. Si bien que l'autorité sociale doit intervenir pour en assurer fermement la satisfaction. Mais il y a bien d'autres besoins communs que l'Etat ne se charge pas de satisfaire. Il n'assume pas la fabrication du pain. Quelle limite doit-il donc s'imposer ? C'est évidemment à l'intérêt général d'en décider. Il est conforme à l'intérêt de tous que l'Etat accepte les fonctions qu'il remplit mieux que les particuliers, et que les particuliers conservent celles qu'ils accomplissent mieux que lui.

Questionnaire :

1. Quest-ce que les sanctions d'une loi ? Distinguer les sanctions des lois civiles et les sanctions des lois pénales. — 2. Quels sont les trois effets possibles de la peine ? — 3. Quels sont les devoirs de la société envers les criminels ? — 4. A quels devoirs manquent les foules qui hurlent à la mort contre un homme soupçonné de crime ou qu'on est en train de juger ? — 5. Citer des fonctions sociales, dont l'Etat doit se charger par esprit de justice. — 6. Pourquoi, en France, l'Etat seul a-t-il la charge de préparer et de vendre le tabac ?

Lecture.

La lutte contre le crime

1° *Lutte contre les causes sociales du crime.* — L'individu criminel est-il la vraie cause de son crime ? Si le crime a des causes sociales, vous aurez beau supprimer le criminel, vous ne supprimerez pas le crime. La peine de mort elle-même est impuissante à préserver la société future contre la dégénérescence (1), la folie ou la misère. Sans doute tout le monde n'admet pas que ces facteurs impersonnels soient les seules causes de la criminalité ; mais il est bien difficile de nier absolument leur influence. Sans doute la misère n'est pas l'unique cause des fautes commises par les misérables, car les plus misérables ne sont pas nécessairement les plus criminels. Mais supposez un meurt-de-faim de caractère égoïste ou vaniteux : il juge qu'il vaut autant qu'un autre et qu'il a le droit de vivre comme son voisin : ayant à choisir entre sa vie et celle du voisin, il sacrifiera celle-ci : son crime est la résultante de deux causes : supprimez l'une d'elles, la misère, et le crime ne se produira pas. La misère influe donc sur la criminalité. On est bien obligé d'admettre que la peine, en frappant le criminel, ne tarit pas toutes les sources du crime.

Comment donc prévenir efficacement le danger ? D'abord en luttant contre les causes impersonnelles de la criminalité : « Le problème de la pénalité, dit très bien à ce sujet M. Tarde, se lie à celui de l'assistance publique » ; il faut multiplier les institutions charitables que l'on a appelées justement les « substituts de la peine ».

2° *Améliorer le coupable.* — Mais ne doit-on pas, en même temps, lutter contre les causes psychologiques (2) du crime ? Si le condamné, déjà perverti à son entrée dans la prison, en sort plus perverti encore, comment espérer que

---

(1) Détérioration du système nerveux qui affaiblit la volonté de l'individu et le livre aux pires instincts.

(2) C'est-à-dire contre les sentiments qui ont poussé le coupable au crime.

le nombre des crimes diminuera dans l'avenir ? La peine
préventive par excellence c'est donc la peine qui améliore...

Il faut guérir les criminels ; mais comment ?.....

Parmi les vrais criminels, tout le monde est d'accord
pour distinguer les criminels d'occasion et les criminels
d'habitude. Les premiers sont plus susceptibles que les
autres d'un traitement moral. Il se peut que le pardon,
avec la menace d'une peine double en cas de récidive,
suffise à les châtier ; les excellents effets de la loi Bérenger,
qui suspend l'exécution de la peine quand le juge croit
cette mesure salutaire, prouvent que l'indulgence est parfois la meilleure des répressions. Si le délinquant d'occasion est emprisonné, il faut, en tout cas, le séparer des
criminels endurcis qui le pervertiraient : il paraît que le
criminel occasionnel demande souvent comme une faveur
l'emprisonnement cellulaire ; celui qui adresse une pareille
requête prouve par là même son repentir, et l'on serait
bien coupable de l'exposer à une contagion qui détruirait
vite ces bonnes dispositions.

Restent les plus endurcis : devons-nous désespérer de les
rendre meilleurs ? Peut-être les moyens employés jusqu'ici
pour les corriger sont-ils mauvais ; nous n'avons pas le
droit de nous décourager : si nous renonçons à améliorer
le coupable, il faut renoncer à le punir. — Quel est le
défaut contre lequel nous avons à lutter ? Tous ceux qui
ont approché des criminels endurcis s'accordent sur le
trait essentiel de leur âme : la paresse et la vanité sont
universellement attribuées aux criminels. Et la paresse
même ne dérive-t-elle pas de la vanité. « Pourquoi travailler ? un homme comme moi n'a-t-il pas le droit d'être
nourri par les autres ? » Tel semble être le raisonnement
plus ou moins inconscient de leur étrange orgueil. Et l'on
comprend que cet orgueil les conduise au crime : s'élevant
eux-mêmes au-dessus des autres hommes, ils se croient
tout permis, ils s'accordent un droit de vie et de mort sur
chacun. C'est donc contre l'orgueil démesuré du criminel
que la peine doit lutter.

Paul Lapie, (Bulletin de l'Union
pour l'action morale, 1er mars 1899.)

Le problème politique. — La démocratie

§ 1. **Le problème politique.** — L'Etat est la
condition de la justice et de la collaboration sociale.
Mais quel spectacle nous offre l'histoire? L'Etat, au
lieu d'y remplir sa fonction d'équité et d'utilité publique, n'a été souvent qu'un instrument d'oppression
et de tyrannie. Et sans doute il eût mieux valu pour
l'esclave antique et le paysan du moyen âge qu'il
n'y eût pas d'autorité sociale et de lois puisque ces
lois ne faisaient que sceller leur asservissement. Et
quelle peut être la liberté de ce sauvage de l'Afrique
qui, au dire d'un voyageur, « lorsqu'il parle à son
roi, doit s'étendre sur le sol, plat comme une plan-
che, baisant la terre et restant dans cette situation
jusqu'à ce que son affaire avec son maître soit ter-
minée » ? C'est que l'autorité sociale est exercée par
des hommes. Ce sont des hommes qui font les lois et
les appliquent, qui disposent de la force publique.
Et ces hommes peuvent être injustes, égoïstes,
aveuglés par des préjugés. Comment organiser le
gouvernement, pour que l'autorité sociale serve la
justice et l'intérêt de tous, au lieu de servir seulement les passions et l'intérêt d'un petit nombre aux
dépens des autres ?

§ 2. **Aristocratie.** — Il n'est au fond que

deux formes possibles de gouvernement : l'aristocratie (1) et la démocratie (2). Dans la réalité elles
peuvent se mélanger l'une à l'autre.

Si le gouvernement, c'est-à-dire l'exercice de
l'autorité sociale, appartient uniquement à une
partie de la nation, à une classe privilégiée, le
régime est *aristocratique*. Mais si le peuple entier
exerce une influence plus ou moins considérable sur
le gouvernement, si le peuple est plus ou moins roi,
le régime est *démocratique*. On dira qu'il est un troisième régime possible, celui où un seul détiendrait
le pouvoir : la *monarchie* (3). Mais outre que ce ne
serait là qu'un cas particulier de l'aristocratie, en
fait, dans la réalité de l'histoire, jamais un seul
homme ne gouverne un peuple. Il ne peut conserver le pouvoir qu'en s'appuyant sur une classe dont
il assure les privilèges et avec laquelle il partage
l'autorité. Les despotes les plus tyranniques des
peuplades sauvages gouvernent avec une caste de
guerriers ; et nos rois de l'ancienne France ont toujours partagé le pouvoir avec une noblesse d'épée et
une noblesse d'église qui conservaient certains
droits politiques, tels ceux de lever des impôts ou de
rendre la justice.

Quoi qu'il en soit, dans les régimes aristocratiques, certains gouvernent, imposent des lois, qui ne
sont que leurs volontés. Les autres sont des sujets.
Ils subissent la contrainte de l'autorité publique

---

(1) Aristocratie, mot grec signifiant : gouvernement des meilleurs, c'est-à-
dire des hommes dont la naissance privilégiée leur confère à leurs yeux toutes
les qualités.

(2) Démocratie signifie : gouvernement du peuple.

(3) Monarchie ; proprement : gouvernement d'un seul.

sans participer à son administration. Un simple raisonnement révèle tout de suite les deux inconvénients, presque infaillibles, du régime aristocratique : l'arbitraire et l'exploitation d'une classe par
une autre. Ceux qui imposent des lois au reste de
leurs concitoyens ne n'y soumettent pas eux-mêmes,
et surtout par ces lois ils oppriment ceux-là à leur
profit. N'avons-nous pas vu dans l'ancienne France
les castes privilégiées rester en dehors des lois communes qui régissaient le peuple et surtout épuiser
ce dernier d'impôts. « La France, dit un de nos his-
« toriens les plus consciencieux (1), ressemblait à
« une vaste écurie où les chevaux de race auraient
« double et triple ration, pour être oisifs et ne faire
« que demi-service, tandis que les chevaux de trait
« font le plein service avec une demi-ration qui leur
« manque souvent. » Et que de fois aussi dans l'antiquité, à Rome, à Carthage, que de fois dans les
temps modernes a-t-on vu des aristocraties constituées simplement par des hommes riches, grands
propriétaires ou commerçants, gouverner dans le
seul intérêt de leur fortune !

§ 3. **La démocratie**. — Jusque dans les
temps contemporains, l'histoire, à de rares excep-
tions près, n'a connu que des aristocraties. Les
républiques anciennes, celle d'Athènes ou celle de
Rome, n'avaient-elles pas des esclaves? Les démocraties se sont établies en remplaçant peu à peu les
gouvernements aristocratiques, qui insensiblement
tombaient en ruines ; aussi n'ont-elles pas partout

____

(1) H. Taine, *Les origines de la France contemporaine.*

et toujours la même forme. D'abord les diverses classes de la nation n'arrivent point ensemble au gouvernement; elles n'y prennent part que les unes après les autres. En France, la grande révolution de 1789 a donné l'accès du pouvoir à la bourgeoisie, en conférant le droit d'élire des représentants à tous ceux qui payaient une certaine somme d'impôts. La révolution de 1848 y a fait parvenir le peuple entier, en décrétant le Suffrage universel (1). Enfin l'action que la nation exerce sur le gouvernement peut être plus ou moins considérable. Quand elle obtient que ses représentants contrôleront les dépenses et que, sans leur assentiment, les gouvernants ne pourront lever d'impôts, c'est déjà un grand progrès vers l'Etat démocratique. C'en est un plus grand encore quand aucune loi ne peut être promulguée sans avoir été discutée et votée par ces représentants.

La république. — La république est pour ainsi dire la forme achevée de la démocratie. La nation entière élit des représentants ; ceux-ci font les lois, et non seulement ils contrôlent les fonction-naires publics, mais ils les nomment (2). Le pouvoir public est donc complètement aux mains de la nation. C'est la nation entière qui doit décider sur toutes les affaires intéressant sa vie collective, maté-rielle ou morale, sur la paix et sur la guerre, sur les mesures de justice et de fraternité, sur le degré d'instruction qu'elle veut se donner. Elle dirige

---

(1) Il n'est pas tout à fait vrai qu'en aucun pays le suffrage soit complète-ment universel, puisque les femmes en sont exclues.

(2) Ainsi en France les représentants du peuple élisent un président de la République, qui, à son tour, choisit des ministres et nomme les autres fonc-tionnaires publics.

elle-même sa vie ; elle est responsable de bien vivre et de mal vivre.

Pourquoi nous devons être républicains. Légitimité du suffrage universel. — Nous devons être démocrates et républicains de cœur et de volonté, parce que la république est une grande victoire du droit. Et elle l'est à un double titre.

Le droit de participer au gouvernement est en effet, *pour tous, la garantie de tous les autres droits.* Nous l'avons montré à propos des aristocraties : l'individu n'obtient des gouvernements qu'il garantisse ses libertés légitimes, qu'autant qu'il a une action sur eux.

Mais, s'écrie-t-on souvent, il est déplorable de confier un bulletin de vote, c'est-à-dire une part de gouvernement, aux hommes les plus ignorants : un valet de ferme, un chiffonnier, ont-ils autant de compétence qu'un académicien? Et sans doute le manque de culture expose le suffrage universel à commettre bien des fautes. Mais il est une chose que l'ignorant connaît mieux que quiconque : ce sont ses besoins, ses souffrances. Les autres, qui ne les savent pas comme lui, sont exposés à méconnaître ses droits, s'il n'est pas appelé à en réclamer lui-même le respect. Qu'importent quelques erreurs passagères, si les intérêts de tous sont sauvegardés, si la république s'affirme comme le vrai régime de la justice et de la fraternité !

Ce n'est pas tout. Il y a pour tous, dans l'établissement d'un régime démocratique, un intérêt de *dignité* personnelle auquel on ne peut renoncer sans s'abaisser. Nous sommes tous des êtres raisonnables. N'est-il donc pas conforme à notre dignité

que nous gardions le soin de décider de nous-
mêmes, à l'aide de notre raison, et de mettre notre
bonne volonté au service de ce qui vraiment est
juste et bon?

« Il y a un jour dans l'année, s'écriait Victor
« Hugo, dans un discours où il défendait le suf-
« frage universel, il y a un jour dans l'année où le
« journalier, le manœuvre, l'homme qui traîne des
« fardeaux, l'homme qui casse des pierres au bord
« des routes, juge les représentants, le sénat, les
« ministres, le président de la république. Il y a un
« jour dans l'année où le plus modeste citoyen
« prend part à la vie immense du pays tout entier,
« où la plus étroite poitrine se dilate à l'air vaste
« des affaires publiques; un jour où le plus faible
« sent en lui la grandeur de la souveraineté natio-
« nale, où le plus humble sent en lui l'âme de la
« patrie. »

Quel accroissement de dignité pour l'homme, et
par suite quel accroissement de moralité!

Les dangers qui menacent les démocraties. —
L'établissement de la république est une victoire du
droit. Cependant en France, à deux reprises, nous
avons laissé tomber de nos mains le fruit de la victoire. La première fois, en 1799, un général vainqueur, Napoléon Bonaparte, a fait entrer ses gre-
nadiers dans le parlement et chassé à coups de baïonnettes les représentants du peuple. La seconde fois,
en 1851, Louis Napoléon, maître aussi des forces
militaires, a emprisonné les députés, exilé et dé-
porté les républicains qui défendaient la loi : Victor
Hugo, Quinet, Louis Blanc, Madier de Montjau,
Challemel-Lacour.... Mais ces entreprises n'ont

réussi que parce que la nation était complice ou laissait faire. Chez les uns, c'était intérêt, ils craignaient pour leurs privilèges ou leurs passions la justice démocratique et préféraient à la république un gouvernement despotique, échappant au contrôle et à l'action de tous. Pour les autres, pour la grande masse populaire c'était indifférence : elle ne sentait pas le prix du bien qu'elle perdait. Et la France abandonnait son rang parmi les grandes nations où fleurit la liberté politique, protectrice de tous les droits.

La leçon est instructive : elle montre que l'égoïsme de tous ceux qui craignent la justice, l'indifférence malavisée des foules, l'ambition de ceux qui commandent aux forces armées sont les dangers qui guettent les démocraties.

Le Pilote. — Ecoutons donc le conseil que nous donne, sous forme d'apologue, un des meilleurs Français, qui fut exilé en 1851, Edgar Quinet.

« Des captifs, les uns prisonniers de guerre, les
« autres enlevés sur les rivages, étaient entassés
« dans une galère grecque de Tenedos ; et le maître
« du navire cinglait vers un port d'Italie, où il de-
« vait les vendre. Au milieu de la nuit, les captifs
« brisent leurs liens ; ils s'emparent de l'équipage.
« Ce fut une grande fête, l'Océan n'avait pas encore
« entendu de pareils cris de joie.

« L'un des prisonniers s'approcha de ses com-
« pagnons et leur dit : « Une chose m'inquiète, c'est
« de voir que vous laissez le gouvernail entre les
« mains qui vous conduisaient au marché. » En effet,
« un vieillard qui semblait étranger à tout ce qui se
« passait autour de lui tenait le gouvernail. Et il

« avait ses yeux attachés sur une étoile. « Eh ! quoi,
« répondirent les captifs, ne voyez-vous pas que ce
« vieillard regarde dans les nues et ne se mêle en
« rien de ce qui se passe parmi nous. Vous avez,
« mon ami, besoin d'ellébore. »

« Cependant le vieillard, toujours souriant, ne
« quittait pas le gouvernail ; il fit si bien qu'en
« rasant un rivage, d'un seul coup de timon voilà
« le vaisseau dans le port. C'était justement celui de
« Tarente, fameux entre tous par la vente des es-
« claves. En un moment, les marchands qui atten-
« daient la cargaison se précipitent armés sur les
« captifs, ils leur rendent leurs chaînes, et chacun
« est vendu vingt deniers. Depuis ce moment aucun
« n'entendit jamais parler du vaisseau sans deman-
« der qui tenait le gouvernail. »

Questionnaire :

1. Quels sont les inconvénients nécessaires des gouvernements
aristocratiques? — 2. Montrer que la monarchie n'est qu'une forme
particulière de l'aristocratie. — 3. Par quelles étapes nécessaires la
démocratie s'établit-elle?— 4. Définir la république. — 5. Montrer
que la liberté politique est la plus précieuse des libertés. — 6. Que
répondrez-vous à ceux qui déclarent mauvais que des ignorants
aient part au gouvernement? — 7. Par quel gouvernement les
gouvernements républicains risquent-ils d'être remplacés?

Lecture.

Proclamation à l'Armée (3 décembre 1851) (1).

Soldats!

Un homme vient de briser la constitution. Il déchire le
serment qu'il avait prêté au peuple, supprime la loi, étouffe

---

(1) Proclamation rédigée par Victor Hugo au nom des représentants du
peuple qui résistaient au coup d'Etat de 1851.

le droit, ensarglante Paris, garrotte la France, trahit la république !

Soldat, cet homme vous engage dans son crime.

Il y a deux choses saintes : le drapeau qui représente l'honneur militaire, et la loi, qui représente le droit national. Soldats, le plus grand des attentats, c'est le drapeau levé contre la loi ! Ne suivez pas plus longlemps le malheureux qui vous égare. Pour un tel crime, les soldats fiançais doivent être des vengeurs, non des complices.

Cet homme dit qu'il s'appelle Bonaparte. Il ment, car Bonaparte est un mot qui veut dire gloire. Cet homme dit qu'il s'appelle Napoléon. Il ment, car Napoléon est un mot qui veut dire génie. Lui, il est obscur et petit. Livrez à la loi ce misérable ! Soldats, c'est un faux Napoléon. Un vrai Napoléon vous ferait recommencer Marengo ; lui, il vous fait recommencer Transnonnain !

Tournez les yeux vers la vraie fonction de l'armée française : protéger la patrie, propager la révolution, délivrer les peuples, soutenir les nationalités, affranchir le continent, briser les chaînes partout, défendre partout le droit: voilà votre rôle parmi les armées d'Europe. Vous êtes dignes des grands champs de bataille.

Soldats ! l'armée française est l'avant-garde de l'humanité.

Rentrez en vous-mêmes, réfléchissez ; reconnaissez-vous, relevez-vous ! Songez à vos généraux arrêtés, pris au collet par des argousins et jetés, menottes aux mains, dans la cellule des voleurs ! Le scélérat qui est à l'Elysée croit que l'armée de la France est une bande du bas-empire ; qu'on la paie et qu'on l'enivre ; et qu'elle obéit ! Il vous fait faire une besogne infâme ; il vous fait égorger en plein dix-neuvième siècle, et dans Paris même, la liberté, le progrès la civilisation. Il vous fait détruire, à vous enfants de la France, tout ce que la France a si glorieusement et si péniblement construit en trois siècles de lumière et en soixante ans de révolution ! Soldats, si vous êtes la grande armée, respectez la grande nation.

Nous citoyens, nous représentants du peuple et vos représentants nous vos amis, vos frères, nous qui sommes la loi et le droit, nous qui nous dressons devant vous en vous tendant les bras et que vous frappez aveuglémeit de vos épées, savez-vous ce qui nous désespère : ce n'est pas de voir notre sang qui coule, c'est de voir votre honneur qui s'en va.

Soldats! un pas de plus dans l'attentat, un jour de plus avec Louis Bonaparte et vous êtes perdus dans la conscience universelle. Les hommes qui vous commandent sont hors la loi. Ce ne sont pas des généraux, ce sont des malfaiteurs. La casaque des bagnes les attend, voyez-la dès à présent sur leurs épaules. Soldats, il est temps encore, arrêtez! revenez à la patrie! revenez à la république! Si vous persistiez, savez-vous ce que l'Histoire dirait de vous? Elle dirait : Ils ont foulé aux pieds de leurs chevaux et écrasé sous la roue de leurs canons toutes les lois de leur pays; eux, des soldats français, ils ont déshonoré l'anniversaire d'Austerlitz et, par leur faute, par leur crime, il dégoutte aujourd'hui du nom de Napoléon sur la France autant de honte qu'il en a autrefois découlé de gloire!

Soldats français ! cessez de prêter main-forte au crime!

Victor Hugo. Histoire d'un crime,
(2me journée).

CHAPITRE XIX

RAPPORTS DES NATIONS ENTRE ELLES

Ce que sont ces rapports

Dans la nation règne un état de droit. —
Les relations entre concitoyens sont, avons-nous
dit, soumises à des lois. Certes il se produit cons-
tamment des conflits d'intérêts économiques ou des
conflits de croyances. Mais les lois tâchent à garantir, dans ces conflits, les droits des partis opposés.

Une nation vit dans un état de droit. Et un état
de droit est un état de paix. La loi règle des diffé-
rends selon l'équité et empêche les partis de triompher par la violence. Elle donne aux marchands des
tribunaux, aux électeurs des réunions organisées.
Une guerre civile peut, parfois, fournir à la violence
quelque issue. Mais l'état de guerre disparaît avec
les dernières batailles. Pendant la Révolution, la
Vendée a pris les armes pour défendre ses croyances
politiques ; mais, la paix assurée, on n'a pas vu les
partis en présence fortifier leurs frontières et maintenir sur pied des armées. Les lois reprennent leur
empire ; l'état normal de la nation est un état de
paix.

Mais ce bienfait doit-il s'arrêter aux frontières ?
Une nation ne peut s'isoler des autres nations. Comment doit-elle vivre avec elles ? Quels sont les droits
et les devoirs des hommes qui ont des nationalités
différentes ? Sur ces questions si graves nous devons

tous nous faire une opinion, et une opinion réflé-
chie, raisonnable, détachée des préjugés ; car en
notre temps elles ne sont plus réglées par des princes
et des diplomates, disposant des peuples sans les
consulter. Les gouvernements ne sont plus que des
instruments de l'opinion publique. Nous portons
tous dans les mains la paix ou la guerre.

**§ 1. Tradition d'injustice dans les rapports
internationaux.** — Dès que des groupements dis-
tincts eurent été constitués, les relations qu'ils
eurent entre eux furent un défi à toute justice. Les na-
turalistes ont observé que les fourmis. dans leurs
rapports, ont des mœurs féroces. Qu'une fourmi
s'égare aux alentours d'une fourmilière étrangère,
c'est pour elle la mort. Les hommes d'autrefois
eurent des mœurs semblables. Le monde ancien
apparaît comme une arène sanglante où des nations
guerrières, véritables associations de proie, cher-
chaient à vivre aux dépens des nations industrieuses.
Athènes tomba sous les coups de Sparte ; Milet et
Phocée périrent par la main des Perses ; Tyr, par
Alexandre ; Tarente, Syracuse et la plus riche de
toutes, Carthage, par les Romains. On prenait les
richesses ; on emmenait les vaincus comme esclaves,
et l'esclavage ne faisait que continuer pour la nation
victorieuse l'exploitation de la nation vaincue. Cé-
sar et Pompée se vantaient d'avoir vendu ou tué
l'un et l'autre deux millions d'hommes ! Et quand
les Romains s'abstenaient de détruire les peuples
de leurs provinces et y installaient leur administration, c'était pour vivre des tributs qu'y levaient leurs
proconsuls.

L'idée même du droit ne s'étendait pas au delà des limites de l'Etat. — Non seulement l'homme antique était disposé à traiter toute nation étrangère comme une proie possible, mais il ne concevait pas qu'il eût tort. L'idée que son semblable avait des droits, il ne l'étendait pas au delà des limites de sa propre nation. « L'étranger qui entrait dans l'en-
« ceinte sacrée que le prêtre avait tracée pour l'as-
« semblée, était puni de mort. Les lois de la cité
« n'existaient pas pour lui. S'il avait commis un
« délit, il était traité comme l'esclave et puni sans
« forme de procès, la cité ne lui devant aucune jus-
« tice. »

L'étranger vaincu à la guerre était esclave *de droit* (1); s'il était pris, il devenait une chose qu'on pouvait acheter, vendre, détruire.

Bien plus, dans l'ancienne Rome, le citoyen qui devenait captif d'une autre nation perdait ses droits dans sa propre patrie. Sa femme pouvait se remarier.

C'est que dans ces temps primitifs, on concevait le droit comme *attaché seulement à la qualité de membre de la même nation.* L'homme n'était plus un semblable pour l'homme dès qu'il n'appartenait plus à la même cité. Le cœur et la raison ne franchissaient pas les frontières.

§ 2. Ce qui reste d'injuste dans notre patriotisme. — C'est de cette barbarie que l'humanité se dégage lentement, trop lentement. Elle n'a pas encore complètement disparu de nos mœurs et,

---

(1) « Ex jure gentium », dit la loi romaine, c'est-à-dire « d'après le droit entre nations ».

ce qui est plus grave, de nos âmes. Comme une source d'injustice elle risque parfois de corrompre la pureté de notre patriotisme.

Le patriotisme, nous le savons, est un sentiment plus que légitime, excellent. Il accomplit ce miracle d'arracher l'individu à son égoïsme et le dispose à aimer le groupe dont il fait partie, à se donner à lui, à défendre jusqu'à la mort les droits collectifs. Mais discernons dans ce sentiment si noble les filets d'eau trouble qui descendent du passé.

Nous aimons notre patrie ; et le plus souvent cela consiste à désirer qu'elle assure injustement sa prospérité aux dépens des autres nations, qu'elle les subjugue et les exploite à son profit. En 1871, quand l'Allemagne annexa brutalement des provinces dont le cœur était français, quelques hommes très rares élevèrent la voix, en Allemagne même, pour protester ; ils représentaient que c'était là une injustice, et qu'elle entraînerait à sa suite tout un avenir de haines, de représailles, d'armements ruineux. Les passions patriotiques les firent traiter de mauvais patriotes et de traîtres. Or, ce qu'on a vu en Allemagne à ce moment, s'est passé en des circonstances semblables et se passerait encore dans toutes les nations.

Nous aimons notre patrie, et cet amour n'est trop souvent qu'un orgueil provocateur, qui nous empêche de reconnaître ses fautes ou ses faiblesses. En 1870, dans cette séance solennelle où nos députés votèrent la guerre à six reprises, avec une obstination désespérée M. Thiers monta à la tribune pour montrer le danger. Lui aussi fut assailli d'insultes ; en disant la vérité, il avait blessé l'orgueil patriotique.

Nous aimons notre patrie, et sous cette apparence voici que se réveillent de vieux instincts de férocité et de cruautés. Nous rêvons de massacres, nous devenons insensibles à la pitié. « Non seulement les « adultes, mais les enfants, — les enfants qui sont « purs et sages — se réjouissent selon la nationalité à « laquelle ils appartiennent, quand ils apprennent que « non seulement sept cents, mais mille Anglais ou Boers « sont tués, déchirés par des engins meurtriers. Et « les parents — j'en connais — encouragent leurs « enfants dans cette férocité. » (1) N'a-t-on pas entendu, il y a peu de temps, le chef d'un des plus grands Etats de l'Europe, parlant à ses soldats qui partaient pour combattre un pauvre peuple de l'Asie, faible et ignorant, les exhorter à imiter les Huns, sur le passage desquels l'herbe ne repoussait pas, les exciter à une guerre sauvage, et invoquer par là-dessus le Dieu père de tous les hommes, pour le faire complice des massacres qu'il préméditait?

Non seulement ces dispositions injustes nous sont naturelles, mais elles nous semblent être comme un devoir. Pourtant notre raison s'est développée d'autre part. Nous concevons que le droit n'est pas attaché à la qualité de membre de la même nation, mais à la qualité d'homme. La religion et la philosophie proclament que nous devons traiter et aimer notre prochain comme nous-mêmes, pratiquer la justice et la fraternité envers tous les hommes. L'expérience nous a appris que la collaboration est la conduite la plus avantageuse à tous. Il y a donc dans

---

(1) L. Tolstoï.

notrecœur, à cause d'un trop long souvenir du passé, des sentiments en désaccord avec notre raison. Et c'est à ce désaccord que nous devons mettre fin en méditant profondément sur nos devoirs et nos intérêts véritables.

§ 3. Persistance de la guerre. — L'iniquité et la sauvagerie qui subsistent dans nos cœurs et dans nos mœurs se traduit par ce fait brutal : la guerre. La guerre, c'est-à-dire la violence, le massacre, l'usage de la force au lieu de la soumission à la raison commune, la destruction des richesses. fruits sacrés du travail. au lieu de la collaboration. Aujourd'hui comme autrefois, une nation dont les mœurs sont pacifiques et qui néglige de s'armer pour se défendre, risque d'être dévorée par les autres, les nations restant trop souvent des associations de proie.

Certes la guerre diminue avec la civilisation. Nous sommes saisis d'horreur et de tristesse à l'idée que la lutte qui, en 1856, a mis la France et la Russie aux prises, a tué 785.000 hommes sans utilité aucune. Mais les combats incessants entre les misérables tribus africaines font chaque année peut-être plus de victimes. « A proprement parler, l'Afrique est actuellement un vaste charnier » (1). Avant l'arrivée des Européens, les Indiens d'Amérique s'exterminaient par des guerres sans pitié. La guerre a été pour l'humanité le grand malheur, plus destructive cent fois que les fléaux naturels, que l'inondation, l'ouragan, le tremblement de terre.

---

(1) Novicow. La lutte dans les sociétés humaines.

La guerre diminue parce que la force même des choses établit des rapports de solidarité de plus en plus étroits entre les nations. Une nécessité bienfaisante les conduit à collaborer pour vivre plutôt qu'à s'entre-détruire. Cependant le XIXe siècle a vu encore des guerres fréquentes et terribles mettre aux prises les grandes nations civilisées et amonceler les cadavres par toute l'Europe. Les seules guerres de Napoléon ont fait huit millions de victimes (1).

Et surtout les nations vivent dans un état permanent de guerre, elles se préparent toujours à la faire, même quand elles ne la prévoient pas. Cette « paix armée » est peut-être aussi désastreuse pour les peuples que la guerre elle-même. Ces richesses énormes que les nations consacrent à leurs armements pourraient accroître leur bien-être ou leur instruction. D'innombrables vies humaines sont misérables, des esprits demeurent incultes, des découvertes ne se font pas, parce que l'humanité ne sait pas travailler dans la paix.

---

(1) Voici une statistique instructive des victimes des différentes guerres du XIXe siècle (inutile de dire que les chiffres ne sont qu'approximatifs).

	Français.
Guerres de Napoléon (1799-1815)	3.000.000
	Étrangers.
	5.000.000
Guerre de Russie (1854)	800.000
Guerre d'Italie	300.000
Guerre de Prusse	300.000
Guerre de Sécession	500.000
Guerre de 1870	800.000
Guerre turco-russe	400.000
Guerres civiles de l'Amérique du Sud	500.000
Guerres coloniales (Indes, Mexique, Algérie, Abyssinie, Transvaal, Java, Madagascar)	3.000.000
Total	15.000.000

Si l'on songe que ces quinze millions de victimes représentaient l'élite physique de chaque nation, la fleur de sa jeunesse, on comprend quel irréparable affaiblissement de la santé publique ces guerres successives ont causé.

Questionnaire :

1. Expliquer ces expressions : « état de droit » et « état de guerre. »
— 2. Montrer ce qui fait la valeur du patriotisme. — 3. Montrer
quelle contradiction existe entre certaines dispositions du patriotisme et la raison. Quelle est l'origine de ces dispositions? —
4. Pourquoi la guerre diminue-t-elle avec la civilisation ?

Lectures.

Le vrai patriotisme.

La patrie est plus que l'individu et plus que la famille.
C'est une deuxième et grande étape dans cette vie mysté-
rieuse, qui va de la personne à une existence plus pleine,
plus complète, et qui appelle, justifie, impose, tous les
sacrifices, même celui de notre vie particulière.

La patrie ainsi comprise, et le patriotisme qui en est le
vivant écho, répercuté jusqu'au plus profond de nos
entrailles, impliquent-ils l'exclusion de tout ce qui n'est
pas eux? La patrie est-elle une entreprise envers et contre
tout ce qui lui est extérieur? Est-il indispensable, naturel
même, que le patriotisme se double de la haine de l'étranger? Je le nie formellement.

Le patriotisme n'implique pas plus la haine de l'étranger
que l'amour de la famille n'entraîne la haine de la famille
d'autrui. Au contraire, de même que je respecte le souvenir de mon père dans les cheveux blancs d'un étranger,
et que je comprends tous les cœurs paternels à travers la
tendresse que je porte à mes enfants, de même je respecte
ma patrie dans la patrie des autres. Partout où manque ce
respect, il faut se méfier de la qualité du patriotisme. C'est
un sentiment égaré, faux, que ce patriotisme outré, qui
veut être aveugle pour tout ce qui n'est pas de son pays et
ne réserve à l'étranger que le mépris ou le fanatisme. Le
chauvinisme est la caricature du patriotisme, sa bruyante
et douteuse contrefaçon.

C. WAGNER (La Justice, V.)

Le spectacle de la guerre

Une guerre, à laquelle on assiste, même de loin, trouble le cœur. D'abord, c'est la passion du jeu, qui nous tient suspendus aux chances balancées, avec cette particularité que les facteurs de ces chances ne sont pas mécaniques, mais humains, souffrants, méritants ou déméritants, capables de parler à notre conscience par le langage muet de leurs actes. C'est encore l'indignation : je me représente qu'à cette heure, quelque part, des hommes se font un devoir de se nuire mutuellement, et de se supprimer s'ils peuvent ; qu'ils détruisent en quelques heures des chemins de fer, des récoltes, des ouvrages de longues années, et aussi des ouvriers, comme on enlève une araignée avec sa toile ; que les uns ont absolument besoin pour être joyeux que les autres soient désespérés, et alors je ressens en quelque sorte, en dedans de moi, tous les coups qui sont portés. Je hais et j'aime : je deviens un combattant secret.

PAUL DESJARDINS, *Bulletin de l'Union
pour l'Action morale (15 novembre 1899).*

CHAPITRE XX

Ce qu'ils devraient être.

§ 1. Devoirs réciproques des nations. —
L'étranger est notre semblable; il a des droits
inhérents à sa qualité d'homme. Toutes sortes de rapports de solidarité économique, scientifique, morale,
nous unissent à lui. Le principe des devoirs réciproques
des nations apparaît donc clairement à la raison. Le
devoir des peuples est de ne pas chercher à s'exploiter les uns les autres et d'organiser conformément à la justice les rapports entre particuliers de
nationalités différentes.

**Les nations ne doivent pas chercher à s'exploiter
par la force. —** Le vainqueur n'emmène plus le
vaincu en esclavage. Quand une nation civilisée en
a écrasé une autre, elle respecte même dans une
certaine mesure les propriétés privées. Elle ne prend
directement aux particuliers ni leurs terres, ni leur
argent. Mais que d'autres formes d'exploitation les
nations cherchent à établir par la guerre! En 1870,
l'Allemagne nous imposa une contribution de cinq
milliards, soit 550 francs par famille. D'autres
clauses montraient son espoir de ruiner notre commerce, d'exténuer notre vitalité. Napoléon levait
dans les pays conquis des impôts écrasants. L'Espagne se réservait dans ses colonies d'Amérique le
monopole du commerce. Elle seule pouvait y vendre

des produits. Vivre aux dépens d'autrui est un principe funeste : la raison de l'honnête homme doit le condamner aussi bien chez une nation, fût-ce la sienne, que chez un particulier.

Principe des nationalités. — Pour mieux assurer son exploitation, une nation victorieuse *annexe* parfois des populations vaincues. Il est vrai qu'elle ne veut pas toujours les exploiter, mais simplement se grossir de leurs forces. Quel que soit le but de l'annexion, elle constitue par elle-même une injustice d'un caractère particulièrement révoltant. Voici des hommes qui aiment leur patrie plus que leur vie ; ils *veulent* vivre ensemble, avoir leur gouvernement à eux, leur existence propre. L'annexion est injuste dès qu'elle est forcée, puisqu'elle fait violence à des volontés, puisqu'elle meurtrit des âmes. L'amour de notre patrie doit nous faire sentir au plus profond du cœur le droit qu'ont les autres peuples d'aimer et de conserver leur patrie. Un peuple n'est pas un troupeau qu'on peut voler ou acheter à son maître (1) ; il est composé d'hommes dont les volontés sont respectables, dès qu'elles ne sont pas injustes.

On peut dire que ce n'est qu'au xixe siècle que la conscience a proclamé ce droit qui a reçu le nom de « principe des nationalités ». Une population a le droit d'appartenir à la patrie qui lui plaît ; la nation doit être uniquement fondée sur le consentement des individus. Pour la première fois dans l'histoire

---

(1) Ce n'est pas, en effet, toujours par la guerre que des populations sont annexées. Longtemps les populations ont été considérées comme *appartenant* aux princes qui les gouvernaient, et pouvant être vendues, constituées en dot, transmises en héritage.

sont apparus des *plébiscites* sur la question de nationalité. En 1860, en 1866, il a convenu aux Italiens de se réunir en un seul Etat. C'est en vertu d'un vote que cet Etat s'est constitué. Quand, il y a plus de quarante ans, Nice et la Savoie se sont réunis à la France. ce fut aussi en vertu d'un vote. C'est ce principe qu'ont violé nos vainqueurs de 1870 en annexant l'Alsace et la Lorraine. Quand le Parlement, réfugié à Bordeaux, vota le traité de paix, les représentants de ces deux provinces se levèrent pour quitter une assemblée où ils ne pouvaient plus siéger; et c'est au nom d'un droit méconnu qu'ils purent crier cette dernière protestation : « Livrés, au mépris de toute justice et par un « odieux abus de la force, à la domination de l'étran- « ger, nous avons un dernier devoir à remplir : nous « déclarons encore une fois nul et non avenu un « pacte qui dispose de nous sans notre consente- « ment. La revendication de nos droits reste à jamais « ouverte à tous et à chacun dans la forme et dans « la mesure que notre conscience nous dictera. »

Établissement d'un droit international privé analogue au droit civil. — Un commerçant vend ses marchandises à un client d'une autre nation ; un auteur écrit un livre et des libraires étrangers le traduisent. Serait-il juste que cette nation étrangère ne contraignît pas cet acheteur à payer sa dette, ce libraire à payer des droits d'auteur, comme s'ils étaient débiteurs d'un concitoyen? Il y a quelques années, M. de Bismarck, pour favoriser les ouvriers allemands, fit expulser du duché de Posen 30,000 sujets russes ; ces malheureux n'ayant commis aucun méfait. Etait-ce juste? et le serait-ce de ne pas protéger chez nous la personne et la propriété d'un étranger ?

Déjà, par de nombreuses conventions, les divers États garantissent les droits de leurs nationaux. C'est ainsi que des stipulations protègent à l'étranger les intérêts des auteurs de livres. Et ces traités, qui organisent la solidarité entre étrangers, sont sans doute un progrès vers ce qui doit être.

Dans la nation, les rapports entre concitoyens sont soumis à des lois qui constituent le droit civil. Ce que l'on considère comme équitable entre concitoyens, ne doit-on pas l'étendre à tous les hommes? Sans jalousie, sans égoïsme, les nations devraient donc chercher à établir, pour régler les rapports de eurs nationaux, un droit international analogue au droit civil qui semble juste à chacune d'elles.

§ 2. La paix. — Supprimer la guerre, voilà le devoir le plus pressant des nations. Mais elles ne peuvent en arriver là que si elles commencent par pratiquer fidèlement les devoirs dont nous venons de parler.

La paix ne doit pas être l'acceptation de l'injustice. Guerres légitimes. — Certes tant que les nations resteront injustes, la guerre destinée à résister à l'injustice sera non seulement un acte légitime, mais encore un éclatant devoir. Il est légitime qu'un peuple repousse par la force et la violence l'agression étrangère, qu'il défende au loin les droits de ses nationaux; il est légitime et plus méritoire qu'il intervienne pour aider des populations étrangères opprimées à s'affranchir de l'oppression ; il est légitime et grand qu'il combatte pour le bon droit. La

terrible guerre que soutint l'Amérique du Nord
contre le Sud esclavagiste fut une lutte pour l'humanité. C'est l'honneur de quelques nations européennes d'avoir soutenu l'effort de la Grèce voulant
s'affranchir de la domination turque, comme c'est
la honte de toutes les nations européennes d'abandonner le petit peuple arménien à l'oppression sauvage du gouvernement ottoman.

Les véritables vertus militaires sont nécessaires et
admirables. Un peuple qui devient incapable de se
soumettre à une discipline éclairée, d'affronter la
souffrance et la mort pour défendre le droit, est un
peuple qui se dégrade. Il dégrade même l'humanité
en laissant libre passage à l'injustice (1). Il y a un
mal plus grand que la guerre, c'est la lâche paix,
l'acceptation de l'oppression.

Comment supprimer la guerre. — Il ne s'agit donc
pas, pour supprimer la guerre, d'accepter l'oppression, de préférer un honteux bien-être à la revendication des droits. Mais pour que la guerre dis-
paraisse, il faut que les peuples pratiquent la justice.
Le jour où chaque nation renoncera au désir d'ex
ploiter ou d'annexer la nation voisine, le jour où
elle étendra aux étrangers les droits civils qu'elle
accorde à ses nationaux, la guerre aura disparu de
la civilisation.

L'arbitrage. — Seulement, pour aboutir, il faut
que cette volonté d'être juste se garantisse pour

---

(1) Il y a des guerres qui, en sauvant un peuple de l'oppression, ont sauvé
la civilisation humaine. Les Athéniens ont sauvé la civilisation antique, en
combattant aux champs de Marathon. — Au xvi⁰ siècle, alors que le fanatisme
couvrait toute l'Europe, la petite nation hollandaise en se délivrant du joug
espagnol au prix d'une lutte cruelle entre toutes, a sauvé la liberté de pensée.
Il y a eu vraiment les guerres *saintes*.

ainsi dire contre elle-même. La justice et la paix peuvent régner dans la nation, parce que des lois et des magistrats impartiaux règlent les conflits selon l'équité, et imposent aux partis l'observation de ce règlement. Mais voici deux nations qui ne peuvent s'entendre sur un point contesté. Quelle autorité en décidera selon le bon droit et leur imposera sa décision ? La seule issue, semble-t-il, c'est que les nations constituent et acceptent une sorte d'autorité internationale semblable aux autorités nationales.

Déjà, le besoin de paix leur a fait accomplir dans cette voie des progrès remarquables. L'Angleterre et l'Amérique, ayant eu une contestation capable d'amener une guerre, résolurent de s'en rapporter à des arbitres. D'autres nations ont imité leur exemple.

La conférence de La Haye. — Enfin, en 1898, le tsar prit une initiative qui émut profondément le monde civilisé. Il invita les grandes nations à étudier en commun, dans une conférence, les moyens d'assurer la paix et de diminuer les armements. La conférence eut lieu à La Haye. Le résultat matériel fut assurément peu appréciable. Mais la tentative n'en était pas moins nouvelle et significative, puisqu'elle était un appel à la raison. Les délégués des nations prirent la décision d'instituer un tribunal international résidant à La Haye, auquel les puissances pourront, *si elles le veulent*, s'adresser. De plus, le représentant de la France, M. Léon Bourgeois, fit voter cet article : les puissances neutres auront l'obligation de rappeler aux nations prêtes à en venir aux mains que le tribunal existe, et de leur conseiller d'y recourir.

Ce résultat était presque insignifiant. Que fallait-il pour lui donner du prix? L'état de paix pouvait sortir de cette conférence, si toutes les nations avaient accepté de diminuer leurs armements et de constituer à ce tribunal des forces internationales considérables, pour obliger chaque puissance à accepter ses décisions. Chaque nation aurait gardé sa liberté intérieure. Elle n'eût rien perdu non plus de sa liberté dans ses rapports avec les autres nations. Sa faculté d'être injuste eût été limitée, mais sa sécurité contre une injustice possible eût été garantie. Les maux de la güerre, la ruine des armements pouvaient être évités...

Les grandes nations ne l'ont pas voulu. Elles ont commis dans le passé des injustices dont elles refusent de perdre le bénéfice; se sentant fortes, elles tiennent au pouvoir d'en commettre d'autres dans l'avenir. Derrière les gouvernements, il y avait les peuples; et les peuples n'ont pas encore été assez éclairés sur leurs intérêts; surtout, ils n'ont pas aimé assez fortement la justice. La paix, « cette fleur si lente à éclore », n'a pu encore s'épanouir sur la terre trop dure.

§3. La civilisation humaine. — Par civilisation, nous entendons l'organisation de la solidarité, conformément à des rapports de justice. Son extension à l'humanité entière a toujours été le rêve des philosophes, hantés de l'idée que la raison commune à tous les hommes pourrait régler leurs rapports, et le rêve des poètes, qui sentent la même idée dans leur cœur. Écoutons l'un de ceux-ci :

Temps futurs, vision sublime!
Les peuples sont hors de l'abîme;
Le désert morne est traversé.
Après les sables, la pelouse;
Et la terre est comme une épouse
Et l'homme est comme un fiancé.

. . . .

Au fond des cieux un point scintille
Regardez, il grandit, il brille,
Il approche, énorme et vermeil.
O république universelle,
Tu n'es encore que l'étincelle :
Demain tu seras le soleil! (1)

Dix-huit ans plus tard la guerre de 1870 effaçait brutalement la vision du poète.

Pourtant rappelons en quelques traits le spectacle que la réalité nous a offert. Nous avons vu la solidarité s'établir de plus en plus parmi les nations. De plus en plus elles vivent d'une vie commune, économique et scientifique, littéraire et morale. Et cette vie anime tout, avec une abondance si nécessaire, avec une sûreté si fatale, qu'elles sont obligées d'organiser peu à peu cette solidarité. D'innombrables conventions, écrites ou tacites, règlent leurs rapports commerciaux, leur collaboration en vue de l'hygiène publique ou de la défense contre les malfaiteurs. Que faire pour que l'état de guerre s'évanouisse comme un mauvais rêve? Il faut que, se dégageant de la barbarie primitive, dans un dernier élan vers la raison, les nations renoncent à tout désir d'injustice et d'exploitation par la violence. La civilisation envahissant l'humanité tout entière, même les peuplades encore sauvages, est sans doute un idéal loin-

____

(1) Victor Hugo, *Les Châtiments.*

tain. Mais l'organisation de la solidarité entre les grandes nations européennes et américaines est déjà une œuvre possible, une œuvre pratique, à laquelle nous pouvons donner non seulement notre pensée, mais un réel et utile labeur.

Questionnaire :

1. Qu'est-ce que le principe des nationalités? Quel est son fondement? — 2. Pour qu'une nation remplisse tous ses devoirs de justice à l'égard d'une nation étrangère, suffit-il quelle s'abstienne de toute agression contre cette nation ? — 3. Quand est-il non seulement légitime, mais moralement obligatoire de faire ʟa guerre? Citer des guerres justes. — 4. Qu'est-ce que l'arbitrage international? A quelles conditions l'arbitrage peut-il amener la paix?—5. Quel est le principal obstacle à l'établissement de la paix? — 6. Donner une définition très précise du mot civilisation. Montrer comment la civilisation devient de plus en plus internationale.

Lecture.

**Le principe des nationalités
proclamé par la Révolution Française.**

La Constitution de 1791 consacre un principe nouveau en matière de droit des gens : « La nation française renonce à entreprendre aucune guerre dans la vue de faire des conquêtes, et n'emploiera jamais ses forces contre la liberté d'aucun peuple. » C'est la négation du droit violent d'autrefois, du droit du plus fort, du droit de conquête, qui venait de s'affirmer encore d'une façon si scandaleuse dans le premier partage de la Pologne. Comme corollaire (1) du dogme de la souveraineté nationale à l'intérieur, la France professe le respect de la souveraineté des autres nations...

La Constituante s'imposait seulement de ne pas nuire aux autres peuples : la Convention, emportée par les idées généreuses des Girondins, rend le décret de 1792 (19 novembre) : « La Convention nationale déclare, au nom de

---

1) Conséquence.

la nation française, qu'elle accordera fraternité et secours à tous les peuples qui voudront recouvrer leur liberté. » (1)

Déjà, au lendemain du manifeste de Brunswick, quand la France se trouva en face d'une nécessité inéluctable, la guerre pour la défense du territoire, Robespierre avait dit : « Allons ! il faut que le peuple français soutienne le poids du monde. Il faut qu'il soit parmi les peuples ce qu'Hercule fut parmi les héros. »

Alors commence la guerre de propagande, la guerre pour l'affranchissement des nations, la guerre pour l'expansion des Droits de l'Homme. C'est aux acclamations des libéraux de la Savoie, de Nice, de la rive gauche du Rhin, de la Belgique, de la Hollande, c'est précédés par des légions de volontaires savoisiens, italiens, rhénans, belges, bataves, que nous entrons dans ces pays. Nous acceptons la lutte contre tous les rois pour la cause de tous les peuples. Dans la proclamation aux armées (24 février 1793), la Convention propose à leur valeur le but le plus noble pour lequel jamais soldats aient combattu : « Si vous êtes vainqueurs, c'en est fait des tyrans. Les peuples s'embrassent, et, honteux de leur longue erreur, ils éteignent à jamais le flambeau de la guerre. On vous proclame les sauveurs de la patrie, les fondateurs de la République, les régénérateurs de l'univers. » Peut-être y avait-il là une utopie, mais quelle espérance que la régénération universelle, que la paix perpétuelle ! et quelle force morale elle donnait à une armée et à une nation !

A. RAMBAUD, Histoire
de la Civilisation contemporaine. I. 8. (Colin).

---

(1) Par liberté il faut surtout entendre ici la liberté pour la nation de se gouverner elle-même et par conséquent la disparition des gouvernements aristocratiques.

CHAPITRE VI"

Solidarité (*suite*). **Solidarité morale.**

CHAPITRE VII

Solidarité (*Suite et fin*). **Devoirs qui résultent de la solidarité. Obligations créées par l'instruction qu'on a reçue.**

CHAPITRE VIII

Justice et fraternité sociale. Les droits de l'homme.

CHAPITRE IX

Justice et fraternité sociale (*suite*). **Droits relatifs aux richesses.**

CHAPITRE X

Justice et fraternité sociale (*suite*). **Droit de penser. Tolérance.**

BIBLIOTHÈQUE NATIONALE

CHÂTEAU
de
SABLÉ

1991

9 782019 981662